Das Buch

Michael Holzachs Reportagen über Deutschland sind Berichte, die er nicht für den Tag geschrieben hat. Obwohl sie Alltägliches zum Thema haben – diese ›Zeitberichte‹ leben über die Zeit hinaus, in der sie entstanden sind. Michael Holzach verstand es, sich in das Leben anderer hineinzufühlen und es auf unprätentiöse Art zu schildern: Das sind Porträts von altgewordenen Polen im Ruhrgebiet und von neureichen Gastarbeitern auf Urlaubsreise im Heimatland, Bilder von der hoffnungslosen Lage älterer Arbeitsloser und vom Elend jugendlicher Alkoholiker, Beobachtungen bei Lottospielern, deren Lebensrhythmus von der Spielsucht beherrscht wird, und auch Berichte über Camper in der DDR, über Kinder, die in den Wüsten der Großstädte unbeschwert ihre Spiele treiben, oder über das Leben in einem Kloster. Fotografien von Timm Rautert begleiten die Texte von Michael Holzach. So sind diese Reportagen »Expeditionen in den Dschungel des Gewöhnlichen« (›Die Zeit‹), wohin auch heute – Jahre nach ihrer Entstehung – nur selten Licht fällt.

Der Autor

Michael Holzach, 1947 in Heidelberg geboren, studierte an der Ruhr-Universität Bochum Sozialwissenschaften. Er lebte ein Jahr bei den deutschen Hutterern in Kanada, über die er sein Buch ›Das vergessene Volk‹ (1980) schrieb. Er war Reporter bei der ›Zeit‹ und befaßte sich vor allem mit Themen über Minderheiten und soziale Probleme. 1980 schlug er sich sechs Monate lang zu Fuß und ohne Geld durch die Bundesrepublik: ›Deutschland umsonst‹ (1982) lautet der Titel seines Buches, das die Bundesrepublik aus dieser ungewöhnlichen Perspektive schildert. Michael Holzach verunglückte im Frühjahr 1983 tödlich.

Der Fotograf

Timm Rautert, 1941 in Tuchel/Westpreußen geboren, studierte bei Otto Steinert an der Folkwangschule Essen Fotografie und ist seit 1971 freier Bildjournalist.

Michael Holzach:
Zeitberichte

Herausgegeben von Freda Heyden
Mit 27 Fotos von Timm Rautert

Deutscher
Taschenbuch
Verlag

Von Michael Holzach
ist im Deutschen Taschenbuch Verlag erschienen:
Das vergessene Volk – Ein Jahr bei den
deutschen Hutterern in Kanada (10051)

Im Text ungekürzte Ausgabe
1. Auflage Mai 1989
Deutscher Taschenbuch Verlag GmbH & Co. KG, München

ISBN 3-88897-019-9
Umschlaggestaltung: Celestino Piatti
Umschlagfotos: Timm Rautert
Gesamtherstellung: C. H. Beck'sche Buchdruckerei, Nördlingen
Printed in Germany · ISBN 3-423-11071-6
1 2 3 4 5 6 · 94 93 92 91 90 89

Inhalt

Die in diesem Buch abgedruckten Texte und Bildunterschriften entsprechen der jeweiligen Erstveröffentlichung im ›Zeit‹-Magazin beziehungsweise in ›Geo‹ und ›Merian‹. Die Präsentation der Reportagen wurde unter Verwendung des bei den Recherchen entstandenen, jedoch seinerzeit teilweise nicht veröffentlichten Fotomaterials umfassend verändert. Die Bildunterschriften neu hinzugefügter Fotos beschränken sich auf Informationen über Orte und – sofern nötig – dargestellte Personen.

Vorwort von Freda Heyden

1973. Der Volontär einer Lokalredaktion im Ruhrgebiet und der freie Fotograf einer Wochenzeitung begegnen sich in einer Zeche unter Tage.

Ausgangspunkt für Jahre gemeinsamer Arbeit des Journalisten Michael Holzach und des Bildjournalisten Timm Rautert.

Texte und Bilder greifen ineinander, finden zu der Form geschlossener Bild-Reportagen.

1983. Der Schriftsteller und der Fotograf im Kloster St. Matthias in Trier – nach Jahren getrennter Arbeit entsteht wieder eine gemeinsame Reportage. Anlaß zu Rückblicken. Anlaß zu Vorschauen.

Viele Themen der einmal erarbeiteten Reportagen sind immer noch aktuell. Die Zeiten haben sich geändert und damit auch die zeitgemäßen Wirklichkeiten. Es entsteht die Idee, alle den beiden noch und wieder wichtigen Reportagen nachzurecherchieren. Den Inhalt die Form bestimmen zu lassen. Sich nicht dem Niveau der Realisierbarkeit des jeweiligen Mediums und des Auftraggebers unterordnen zu müssen. Jetzt die Themen sinngerecht zu belegen.

Die Wirklichkeit nahm diese Möglichkeit. Nur wenige Tage nach Fertigstellung des Manuskripts der Reportage ›Klosterleben‹, die am Ende dieses Buches steht, verunglückte Michael Holzach tödlich.

Die Reportagen in ihrer ursprünglich veröffentlichten Form, weiteres Bildmaterial von Timm Rautert und Aufzeichnungen von Michael Holzach machten es möglich, das Vorhaben auf andere Weise zu verwirklichen.

Wir trafen eine Auswahl unter den vorhandenen Reportagen. Mit dem Schwerpunkt auf sozialen Themen. Themen persönlicher Beteiligung. Themen, die uns in unserer Wirklichkeit berühren könnten. Themen, die lebendig sind.

Meinen besonderen Dank richte ich an Timm Rautert, der dieses Buch zu einer authentischen Dokumentation machte. Nicht allein, weil er zusätzliches Material zur Verfügung stellte, sondern vor allem, weil er sein persönliches Miterleben in den hier versammelten Lebensausschnitten spürbar gemacht hat.

Weiter danke ich Urs Jaeggi und Nikolaus Hansen sowie Hans Neudecker für sein auch persönliches Engagement bei der Mitwirkung an diesem Buch.

Die Wirklichkeit ist eine Konstruktion – Anmerkungen von Timm Rautert

Wir hatten es immer vor.

Eines Tages, hatten wir gesagt, eines Tages verfolgen wir das Leben unserer alten Reportagen. Was ist aus den Menschen und ihren Geschichten, ihrer Geschichte geworden. Ein Buch sollte dann daraus werden. Eine Form wollten wir finden, die den Inhalten unserer Reportagen gerecht würde. Eines Tages . . .

Nun ist es müßig, darüber zu spekulieren, wie solch ein Buch ausgesehen hätte, wäre Michael nicht gestorben. Was hier vorliegt, zeigt einen möglichen Zugang zum Journalismus und zur journalistischen Fotografie. In Buchform ist dies, speziell für die Fotografie, durchaus nicht üblich. Die journalistischen »Fotomeister« versammeln gern ihr Œuvre in Buchform unter dem Motto »mein schönstes Foto«. Ein einmal bestandener Zusammenhang geht dabei völlig verloren. Meist entstanden diese schönsten Bilder zu Reportagen, in den besten Fällen wurden sie gemeinsam mit einem schreibenden Kollegen erarbeitet. Schon in den Zeitschriften ging ja dieses Erarbeiten meistens flöten. Dem Doppelseitengezeter dort, setzen sie hier das feine Einzelseitenbildchen gegenüber.

Wie war das denn?

Nichts war!

Bilder waren.

Ausnahmen sind die Themenbücher der denkenden Kollegen. Einige der mir wichtigsten seien hier genannt: Robert Frank, ›The Americans‹ (1959) und ›The Lines of My Hand‹ (1972), William Klein, ›New York‹ (1956), Leonard Freed, ›Made in Germany‹ (1970), W. Eugene Smith, ›Minamata‹ (1975), Ugo Mulas, ›New York: The New Art Scene‹ (1967), Peter H. Beard, ›The End of the Game‹ (1977). Ja nun, wie kann man denn noch ein Buch machen. Seit Ende der sechziger Jahre, als wir dachten, das kann doch nicht alles sein, da muß doch noch mehr möglich sein, versuche ich das Medium Fotografie für mich zu klären, einen analytischen Ansatz herauszuarbeiten.

Neben meiner journalistischen Arbeit entwickelte ich zusammen mit Manfred Schmalriede eine »bildanalytische Fotografie«. Wir verstanden »die Analyse der Fotografie mit den fotografischen Mitteln selbst als Praxis, als die Tätigkeit der Klärung von Bildern und Bildserien im Rahmen und aufgrund ihrer Bedingungen und visueller Gewohnheiten.« Diese Art des analytischen Ansatzes bestimmt den Aufbau dieses Buches.

Denken in Serien, Herstellen von Zusammenhängen, die Indifferenz der Fotografie überwinden. Nicht vom Mythos der Fotografie ist die Rede, sondern vom technischen Bildmittel Fotografie, und der Erkenntnis von Zusammenhängen durch Wort und Bild.

Den Schwierigkeiten eines solchen Anliegens widmet sich John Berger in seinem Buch ›Eine andere Art zu erzählen‹ (1984): »Alle Fotografien sind vieldeutig: Alle Fotografien sind aus dem Zusammenhang gerissen. (...) Die Fotografie – als Beweis unwiderlegbar, aber unsicher, was den Sinn angeht – erhält Sinn erst durch Worte (...) Dennoch könnte es sein, daß diese fotografische Vieldeutigkeit – wenn sie als solche erkannt und akzeptiert wird – der Fotografie eine einzigartige Ausdrucksmöglichkeit liefert.«

Es scheint verlockend, der Fotograf ist glücklich, endlich ist er die vertrackte Klarheit, ja Erkenntnis stiftende Wirkung der Beziehung zwischen Wort und Bild los. Die Kultivierung der Mehrdeutigkeit wurde zum zentralen Anliegen der Fotografen der späten siebziger Jahre. Die Sehnsucht nach Individualität beherrscht weiterhin ihre Themen.

Die nachmodernen, schöngeistigen Anbieter der Fotografie handeln mit Blumen, Burgen, Wolkenkratzerspitzen, Kinderbausteinen, alles hält still, gibt Ruhe und macht keinen Ärger. Harmonie, wo man hinschaut, nie war die Fotografie so antik. Die neue Altfotografie setzt ein unerbittliches Maß an Präzision ein, der entstehende fotografische Hypernaturalismus dient der Narkotisierung der Sinne. Ein weiteres Mal wird die lange erhoffte Emanzipation des Rezipienten ausgesetzt. Beherrscht man einmal die Technik der Riesenkameras, wird die ästhetische Überrumpelung schon glücken.

Nur zu welchem Zweck? »Der postmoderne Macher ... ist der Kaufmann auf der Suche nach dem Differenzgewinn. Was gibt es so hier noch nicht? Was kann den Leuten noch ein Kitzel sein? Die Auswahl ist global. Alles da: Bonsai und Kung-Fu, Marlboro und Mark Twain, Chagall und Ceylon. Lebensstil und Kleidung, und Sinn – die Fülle, wenn auch nur Hülle.« (Mathias Greffrath: ›Mit den Dingen arbeiten, statt sie anzuglotzen‹, in ›Frankfurter Rundschau‹ vom 20. Juli 1985).

Bei Differenzgewinn und Hülle ist auch das Gros der zeitgenössischen Fotografen angelangt. Mehr an der Ästhetisierung der Wirklichkeit, als an der Erkenntnis über unser reales Leben interessiert, hecheln die »neuen Seher« den Kunstmoden hinterher.

Gemeint ist der Bereich, wo Fotografie nur interessiert, um der Realität zu entkommen, aber nicht durch Phantasie, sondern durch Gestaltung. Politische Themen, wie sie in den frühen siebziger Jahren möglich waren, erscheinen in unseren Magazinen nur noch selten. Ein Faktum, das sich nicht nur auf die Fotografie und ihre Magazinverwertung bezieht. Die Wende nach innen setzt sich fest.

Die Worte Heinrich Bölls kurz vor seinem Tod beziehen sich zwar auf die zeitgenössische Literatur, stehen aber auch für andere kulturelle

Leistungen: »... daß eine Wendung nach innen vollzogen wird. Ich kann das verstehen, weil die nach außen gewendete, mehr oder weniger auch ins Politische im weitesten Sinne wirkende Literatur politisch so wenig bewirkt hat ... Auf die Dauer keine gute Entwicklung, glaube ich. Aber das wird auch überwunden werden.« (›Frankfurter Rundschau‹ vom 27. Juli 1985)

Denken wir noch einmal an das vorliegende Buch, an die Wort- und Bildverbindungen unserer Reportagen. Eine solche Vorgehensweise, die Rekonstruktion der Wirklichkeit, könnte das Kracauersche Erkenntnis-Mosaik sein, wie er bereits 1929 ausführte, nicht in einer zufälligen Beobachtungsfolge, sondern aus der Zusammenstiftung von Sinn und Gehalt, nach einer anderen, nicht einseitigen Beobachtung des Lebens. »Die Wirklichkeit ist eine Konstruktion« (nach Siegfried Kracauer: ›Die Angestellten‹). Aber vergessen wir einmal Medienzwänge, Gestaltungstheorien und die schlauen Analysen.

Wir hatten es mit Menschen zu tun, wir haben weder über Berge noch Bäume, weder über Autos noch Häuser berichtet. Wir haben keine Exoten gesammelt. Unser Thema war die gesellschaftliche Wirklichkeit und das Randgruppendasein vieler Menschen im Deutschland der siebziger Jahre. Oft genug haben wir mehr Dinge gehört und gesehen, als man schreiben oder fotografieren konnte.

»Ein Mensch, der schreit, ist kein Tanzbär« (Aimé Césaire). Gerade dies ist das Problem der Medien. Da sie die Paukenschläge der Aufmerksamkeit brauchen, ist das Vorführen der Tanzbären allemal besser, als Bescheidenheit und Stille. Die Bildermacher und die Verwerter der Fotografie müssen ja immerzu alle bereits gemachten Bilder übertreffen.

Geht es gar nicht mehr ohne Weltunterhaltungsprogramm?

Michael H. – Vorwort von Urs Jaeggi

> es sei ihm jedoch
> in den jahrzehnten
> seiner mannbarkeit
> um das schreiben
> gegangen, oder um
> eine kombination von
> schreiben und
> schreien
> (Ernst Jandl: der 17. august 1979)

Wir waren, in einer wichtigen Zeit, zusammen an der gleichen Institution, an der Ruhr-Universität Bochum, als Lehrender und als Student, als politisch Interessierte, zwischendurch, wenn die Auseinandersetzungen sich zuspitzten und allein schon die Funktion genügte, um auf der andern Seite zu stehen, auch als Kontrahenten; wir waren Sympathisant und Mitglied der gleichen Partei, die wir heftig kritisierten und in die wir doch Hoffnung setzten.

Später habe ich, als ›Zeit‹-Leser, seine Reportagen gelesen – ohne Michael Holzach mit dem Bochumer Studenten Michael H. zusammenzubringen. Erst am Jahresende 1984, auf der Überfahrt zu einer ostfriesischen Insel, traf ich zufällig eine einstige Bochumer Studentin; sie erzählte mir von Michael Holzach. Wieder ein paar Wochen später wurde ich von seiner Lebensgefährtin Freda Heyden und dem Fotografen Timm Rautert, der seine Reportagen illustrierte und im Team gemeinsam erstellt hatte, um dieses Vorwort gefragt.

Ich las, selber wieder einmal in einer ruhig-unruhigen Phase – zwar nicht auf der Walz, sondern in einer »Höhlenwohnung« im Jura, nahe bei Solothurn –, Michael H.s sämtliche Arbeiten. Ich las Artikel um Artikel, Buch um Buch. In einem Zug; sie gefielen mir, wühlten mich auf. Sie hielten, merkte ich, nicht nur einer Wiederlektüre stand, sondern wirkten jetzt, als Block, konsequent; geschlossen und offen. Eintauchen in eine Welt. Erstaunlich, wie sicher (und professionell) hier die Ränder der Gesellschaft ausgeleuchtet werden; erstaunlich für mich aber auch die Leichtigkeit, mit der ein ausgebildeter Sozialwissenschaftler und Studentenfunktionär während der 68er-Bewegung sein wissenschaftliches Vokabular abstreift, abzustreifen vermochte. Als hätte er es nie gehabt, dieses Korsett nie gekannt. Und erstaunlich, wie trotz fehlender analytischer Verallgemeinerung in den Texten, im Kopf des Lesenden sich die Verallgemeinerungen herauskristallisieren; es ist Literatur, realistische Literatur, behaftet mit den gleichen Schwierigkeiten, wie sie auch die Soziologie hat: Voyeurismus, noch wenn die Betroffenen ernst genommen werden. Der Aufstöbernde: »Damals war ich als

Reporter unterwegs«, schreibt rückblickend in ›Deutschland umsonst‹ Michael Holzach, »und der Artikel, den ich später schrieb, trug die Überschrift: ›Betteln ist schwerer als arbeiten‹. Es war ein halbseidener Artikel, voller Halbwahrheiten; ich fuhr mit Timm, meinem Freund, im flotten Alfa die Landstraßen ab, auf der Suche nach lohnenden Objekten zum Thema ›Nichtseßhafte‹.«

Als er dies schrieb, war er ausgestiegen. Die Nichtseßhaften sind nicht mehr seine Objekte; er versucht, selber einer zu sein. Er will sich versuchsweise lossagen vom Geld, weil – wie er schreibt – sein Lebenshunger bisher zu seinem Einkommen und zu seinem Alter proportional gestiegen seien.

Was sich damit, mit der wiedergewonnenen Freiheit, ändert?

Er schreibt: »So habe ich mich zu meinem Doppelgänger gemacht, und wenn ich jetzt, um nach Brot zu betteln, bettle, dann nicht, weil ich kein Geld habe, sondern weil ich eben doch welches besitze ... meine Zwielichtigkeit ist geblieben. Ich bin mir selbst nicht glaubwürdig, und meine größte Sorge auf dieser Reise ist nicht etwa, unterwegs zu verhungern (sollte es tatsächlich hart auf hart kommen, wird mein eng geknüpftes soziales Netz mich schon auffangen); wirkliche Angst macht mir nur die Vorstellung, daß ich dies alles tue, um darüber zu schreiben.«

Dokumentationen leben von der exakten Information; sie leben aber nicht aus der Aneinanderreihung möglichst vieler Fakten. Entscheidend die Auswahl und das Arrangement. Die Inszenierung.

Zur ernstzunehmenden dokumentarischen Literatur und zur engagierten Soziologie gehören dabei immer auch das Schmarotzerhafte, das Parasitäre. Parasit sein heißt, bei jemandem speisen.

Eindringen. Sich einnisten. Er nimmt, die andern geben, sei's als Opfer oder als Wirte.

So wie wir niemals in den Tieren leben, die wir essen, so lebt der Beobachter und Beschreiber nie in dem, was er beobachtet oder beschreibt. Wir hatten, schon in Bochum, in einem kleinen Kreis versucht, am Beispiel von Industriearbeitern oder Angestellten oder von Arbeitslosen, den einseitigen Blick des Voyeurs nicht bloß in einen Komplizenblick umzuwandeln; wir wollten die Barriere zwischen wissenschaftlichem Denken und dem Denken und Handeln der Betroffenen aufheben. Die Fragestellung war richtig, die Sache unmöglich. Niemals kann eine empirisch arbeitende Soziologie diesen Riß zudecken. Der Stachel des Parasiten bleibt. Er macht entweder arrogant oder verletzt die Betroffenen und die Recherchierenden. In der Sozialreportage ist das genauso, und Michael Holzach hatte dafür ein sicheres Gespür. »Wir schmarotzen uns mit unserem ›sozial engagierten Journalismus‹ durch das Elend der Leute, und oft wurde uns selbst hundeelend dabei.«

Gibt es einen Grat, auf dem diese Distanz, das Parasitäre, nicht aufgehoben ist, aber einmündet in ein respektvolles gegenseitiges Verständnis, wo der Beobachter und die Beobachteten sich ernsthaft einander annähern?

Es ist möglich, wenn die Distanz zwischen Beobachter und Beobachtetem nicht wegretuschiert wird. Drinnen und Draußen. Immer wieder sich tummeln in Ambivalenzen, in Ungereimtheiten. Michael H. wußte dies, ob durch Deutschland tippelnd oder bei seinem einjährigen Aufenthalt bei den Hutterern in Kanada. Er hätte in der Gemeinde, die ihn aufnahm, bleiben, hätte der religiösen Gemeinschaft, die auch ihr gesellschaftliches und ökonomisches Leben gemeinschaftlich löst und vielleicht die einzig mögliche Lebensform bildet, die Ruhe bringt, folgen können. Er hat darüber, wieder in seiner Umgebung, ein Buch geschrieben; nicht locker und nicht zynisch. Er ist ein Nichtseßhafter geblieben.

Andere, neue Spuren sichern. Immer wieder.

Gelingen. Scheitern. Ich weiß, wovon ich an dieser Stelle rede: die »autobiographischen Wanderungen«, ob nun draußen vor der Tür, auf Achse, oder drinnen im Haus, am Schreibtisch: eine Annäherung mag gelingen; aber wieder ist die Beobachter- und Analytikerrolle, die man abstreifen wollte, hautnah präsent, gefährlich präsent, weil sie den Sich-Hineinbegebenden aufzehrt. Der fast fröhlich klingende Titel ›Deutschland umsonst‹ enthält im Text viele Spuren, die das Gelingen und das Scheitern deutlich machen. Michael H., unterwegs als Landstreicher, wird teils anerkannt, teils durchschaut, und der Tippelbruder selbst, Michael H., weiß oder merkt rasch, daß ihn diese Aktion nicht »rettet«.

Es geht nicht vorab darum, daß man die Gemeinschaft oder die einzelnen, die man schätzt oder gar liebt, in die eigene Produktion »einfädelt«; »verbrät« in der Öffentlichkeit, im Vermarkten. Das sicher. Aber es geht auch darum, daß man denjenigen, die man beschreibt, seine Wertschätzung in dieser Form am besten zeigen kann, sein Interesse, seine Zuneigung und seine Liebe. Das enthält, natürlich, Fiktionales und viel Ausgespartes. Schreiben heißt: Bilder umsetzen. Sich ein Bild machen. Das Beschriebene freilich muß stimmen, sehr präzis, präziser noch als in »reinen« Phantasiegeschichten. Etwas wird an die Öffentlichkeit gezerrt, steht jetzt nackt und leicht angreifbar da. Es geht, wenn der Beobachter nicht nur hinter Aktualitäten her ist, auch ums Überleben.

Sich finden und ertrinken. So grausam, banal und spektakulär kann das Alltagsleben sein, das Sozialwissenschaftler meist so ungelenk oder eben zu verallgemeinernd beschreiben.

Michael Holzach konnte Alltagsleben lebendig machen, nicht nur weil er aufs Detail achtete und gut inszenieren konnte; er begab sich hinein in diese Welten; kräftig und direkt gewannen diese Form.

Eine Schreibweise des Scheiterns, bei allem Erfolg; ein zu früh abgebrochenes Leben? »Mir wird klar, daß die Uni mich nichts mehr angeht«, schreibt er in seiner autobiographischen Reise über Bochum. Vorher ist Michael Holzach, an der Quelle beginnend, der Emscher entlang gewandert. Er trifft auf zwei Kinder, die ein Spiel, das sie »Totenreich« nennen, inszenieren. »Ene, bene, dittze, dattje/zippel, ribbel, bone katje«, beschwören die Kinder im rhythmischen Gesang die Geister der Toten im dunklen Rohr der Emscher. Sie schicken kleine Papierkugeln auf die Reise durch den Hades. Von fünf Totenbällchen kommt nur eines durch, die anderen hat der Geist gefressen.

Vorausahnung?

Michael H. ertrank in diesem Fluß, sechsunddreißigjährig.

Unruhig Suchender. Suche ein Ziel, auch wenn es im Unklaren angesiedelt scheint. Bleib Dir treu, auch wenn nichts dafür spricht, daß dies hilft. Jetzt wird, was Du am Rande der Gesellschaft entlang dokumentiert hast, zum Dokument über Dich.

So deutsch wie Wachowiak (März 1974)

Zehntausende von Polen zogen um 1900 ins Ruhrgebiet – Kaiser Wilhelms Gastarbeiter, die im Pütt Schwerstarbeit leisteten. Heute helfen ihre Nachkommen, inzwischen Deutsche mit polnischen Namen, den Umsiedlern aus Polen, bei uns Fuß zu fassen.

Der 92jährige Franz Wachowiak aus Castrop-Rauxel hat sich inzwischen damit abgefunden, daß sein Sarg einmal von westfälischer Erde bedeckt sein wird. Doch was für die meisten Bewohner Westfalens eine bare Selbstverständlichkeit ist, – für den alten Bergarbeiter hat es noch immer etwas Bedrohliches, denn Wachowiak ist kein Westfale, er ist ein »Westfalczyk«.

Der Unterschied wird offenbar, wenn man sich in seiner Zwei-Zimmer-Wohnung in der Bergmannskolonie der stillgelegten Zeche »Graf Schwerin« im Süden Castrop-Rauxels genauer umsieht: Da grüßen grellbunte Postkarten in der Glasvitrine nicht von Spaniens Sonnenküsten, sondern von Posen, Krakau und der Wallfahrtskirche in Tschenstochau. Neben der örtlichen Regionalzeitung liegt ein Journal, das den fremden Titel ›Gos Polski‹ trägt. Doch so wenig wie ›Gos Polski‹ (›Polnische Stimme‹) aus fremden Landen stammt – ihr Erscheinungsort ist das benachbarte Bochum – so wenig ist Franz Wachowiak ein Fremdkörper in seiner Zechensiedlung. Vielmehr findet er es selbst befremdend, daß sich »die Zeitung« plötzlich so sehr für ihn zu interessieren scheint, »wo doch fast alle von uns hier in Schwerin schon vor langer Zeit aus Posen weggemacht sind«. Wenn dem auch sachlich nicht zu widersprechen ist – die Zechensiedlung Graf Schwerin wurde um die Jahrhundertwende nahezu ausschließlich von Posener Landarbeitern bezogen – so verdrängt der pensionierte Bergmann doch, daß außer ihm keiner der seinerzeit eingewanderten »Gastarbeiter« mehr lebt.

Als der 22 Jahre alte Landarbeiter Franz Wachowiak 1903 aus der preußischen Provinz Posen, deren Bevölkerung überwiegend polnisch war, gen Westfalen aufbrach, verließ er seine Heimat nicht aus freiem Entschluß. Vielmehr wurden gleich ihm Zehntausende seiner Landsleute durch Arbeitslosigkeit und karge Löhne gezwungen, im »goldenen Westen« Arbeit zu suchen.

Viele Altersgenossen Franz Wachowiaks konnten damals kaum dem verlockenden Anwerbungsflugblatt der Zeche widerstehen, das von einer »reizenden, ganz neu erbauten Kolonie bei Rauxel« sprach, die »abseits vom großen Getriebe des Ruhrgebiets, in ländlicher Gegend, umgeben von Feldern, Wiesen und Wäldern liegt und dabei ganz den Vorbedingungen guter Luft entspricht«. Wenn sich »der alte Wachowiak«, wie ihn die Schweriner heute nennen, auch nicht mehr so genau an die landschaftlichen Reize der Kolonie im Jahre 1903 erinnern kann – die Lohndifferenz zwischen Ost und West hat er nach siebzig Jahren noch so gut im Kopf, als käme er gerade vom Lohnbüro: »Pro Tag gab es in Posen eine Mark und 13 Pfennige. Die Zeche aber spuckte das Dreifache aus, bei geringerer Arbeitszeit!«

Nach den Angaben des Allgemeinen Knappschaftsvereins in Bochum waren 1905 mehr als ein Drittel aller Beschäftigten im Bergbau des Ruhrgebiets »Preußen polnischer Abkunft«. Auf der Zeche »Graf Schwerin« waren es sogar 51,2 Prozent. »Da man hier im Westen die gefährliche Arbeit unter Tage lieber den Gästen überließ«, so Franz Wachowiak heute, »kamen in der Grube auf zwanzig Polen gerade mal zwei Deutsche.« Während die Polen über Tage bei Ämtern und Behörden mit Sprachschwierigkeiten kämpften, sprach man unten »in der Grube« die Heimatsprache. Die ›Rheinisch-Westfälische Zeitung‹ aus Essen zeigte sich damals gar darum besorgt, daß »die polnische Sprache und Rasse im rheinisch-westfälischen Industriebezirk um sich greifen und deutsche Bezirke polonisieren könnten«.

»Polonisiert« wurden zunächst einmal die Polen selbst. Denn immer mehr verschärfte sich die preußische Germanisierungspolitik, die zwar auf die Ostprovinzen zugeschnitten war, doch bald auch von der polnischen Minderheit im Ruhrgebiet als spürbare Bedrohung empfunden wurde. So verwandelte sich der zunächst unpolitische Landarbeiter Franz Wachowiak in einen nationalbewußten Polen. Auch lehnte es das für die Zeche »Graf Schwerin« zuständige Königliche Oberbergamt aus »nationalen Gründen« ab, trotz der hohen Unfallhäufigkeit bei den ortsfremden Arbeitern, die wichtigsten Sicherheitsvorschriften im Bergbaubetrieb in polnischen Übersetzungen bekanntzugeben. Als dann der (gegen die Polen gerichtete) Paragraph 23 des Reichsvereinsgesetzes den Gebrauch der polnischen Sprache in öffentlichen Versammlungen zum gesetzwidrigen Vergehen machte, wurde Franz Wachowiak klar, »daß man sich zusammentun muß, um zu seinem Recht zu kommen«. Er trat der im Jahre 1902 in Bochum gegründeten Polnischen Berufsvereinigung (Zjednoczenie Zwadowe Polskie, ZZP) bei, die sich in den folgenden Jahren und Jahrzehnten neben dem sozialdemokratischen »Alten Verband« und dem christlichen »Gewerkverein« zu einer anerkannten dritten Kraft in der deutschen Bergarbeiterbewegung entwickelte. Außerdem wurde Franz Wachowiak Mitglied des polnischen Kirchenvereins »Aloisyus«, des »Bundes der Polen« und des örtlichen Turnerclubs »Sokol« (»Falke«), zu dessen stellvertretendem Vorsitzenden er 1906 avancierte. Ein Jahr später gründete er den Schweriner Gesangverein »Harmonia«. Vereinsaktivitäten dieser Art waren für jeden »Westfalczyk« vor dem Ersten Weltkrieg etwas ganz Selbstverständliches. In den 1038 Polenvereinen, die 1912 im Ruhrpott gezählt wurden, orga-

Franz Wachowiak, 92, ist Gastarbeiter aus Kaisers Zeiten. Er kam als Pole ins Ruhrgebiet und ist heute deutscher Rentner.

nisierten sich mit 111 000 Mitgliedern etwa 40 Prozent der Nationalpolen.

»Unsere Vereine bedeuteten uns Polen damals einfach alles«, bekennt Wachowiak mit wehmütigem Blick auf das goldene Abzeichen des Gesangvereins »Harmonia«, das neben anderen patriotischen Ehrenzeichen am Revers seines Sonntagsanzuges befestigt ist.

»Mit ihrer damals zu Unrecht belächelten ›Vereinsmeierei‹ schafften sich die Ruhrpolen das kulturelle Gefüge, in dem der Übergang von einer ländlichen in eine industrielle Lebensweise von einzelnen zu verkraften war«, urteilt heute der auf das Ruhrgebiet spezialisierte Völkerkundler Professor Brepohl. Da aber alle Vereine ihr Hauptziel in der Erhaltung der nationalen Eigenständigkeit der »Polen in der Fremde« sahen, standen sie zugleich einer kurzfristigen Integration im Wege.

Franz Wachowiak folgte 1905 dem strikten Gebot der populären polnischen Zeitung ›Wiarus polski‹ (›Polnischer Getreuer‹): »Du sollst nicht begehren ein Weib fremder Nationalität, sondern dich nur mit einer Polin verheiraten.« Er nahm den seinerzeit unter Polen üblichen Sechs-Wochen-Heiratsurlaub und holte sich seine Marianne aus Polen.

Nach dem Ersten Weltkrieg verhinderten die inzwischen vielköpfige

Familie und die unsicheren wirtschaftlichen Verhältnisse im neu entstandenen Polen, daß Franz Wachowiak (der wegen einer schweren Grubenverletzung »auf Kutscher umlernen mußte«) den langgehegten Wunsch nach Rückkehr in die alte Heimat in die Tat umsetzte.

Trotz zunehmender Assimilation – mit den hier aufwachsenden Kindern kam auch die deutsche Sprache ins Haus –: An seinem polnischen Gesangverein »Harmonia« hielt Franz Wachowiak fest. »Da konnten mich auch die Nazis nicht von abbringen«, wettert der Veteran. Zweimal holte ihn die Gestapo zum Verhör in die zentrale Überwachungsstelle für die polnische Minderheit, die sich seit 1909 in Bochum befand. Obwohl seine Wohnung mehrmals durchsucht wurde – »die Noten vom Verein fanden sie nicht; die hatte ich im Karnickelstall versteckt«.

Wie seit dem Gründungsjahr 1909 trifft sich der Gesangverein »Harmonia« auch heute noch jeden Freitag zur Probe in einer Schweriner Kneipe.

Die vierzehn Aufrechten, die noch immer die Fahne des einst 140 Mitglieder starken Vereins hochhalten, sind – bis auf zwei Bässe – alles Damen. Ihr Alter läßt sich am galantesten dadurch umschreiben, indem man die Hauptsorge der jetzigen Vorsitzenden, Franziska Majchersky, zitiert: »Uns fehlt die Jugend!«

»Gesungen werden die Lieder der alten Heimat«, ergänzt sie: Gemeint ist die Heimat der Eltern oder gar der Großeltern. Die heute noch aktiven Vereinsmitglieder sind im Ruhrpott geboren, nennen sich »Ruhrpolen der 2. oder 3. Generation« und »schämen sich nicht der Muttersprache«, in der man sich hier untereinander verständigt. Nur gelegentlich mischen sich neuere Begriffe wie »Fahrverbot« oder »Eingemeindung« in den polnischen Sprachfluß. Während der ausgedehnten Gesangspausen machen nach heimischen Rezepten zubereitete Plätzchen die Runde, und ab und an nippt man verstohlen – damit der Wirt nichts merkt – am polnischen Wodka, den ein Sangesbruder von der letzten Polenreise mitgebracht hat.

Obwohl die Musik hier nicht zu kurz kommt – noch im letzten Sommer belegte der Verein, verstärkt durch die etwa gleichgroßen Gesangsgruppen aus Gelsenkirchen und Bochum, beim »Festival der polnischen Chöre aus aller Welt« in Koszalin (Köstlin) den fünften Platz – es sind die Gesangspausen, die die Gruppe zusammenhalten. »Wo darf oder kann ich sonst schon Polnisch sprechen?« fragte eine ältere Frau. Da das Wort »Polacke« nach ihrer Meinung im Ruhrgebiet (und anderswo) noch immer als Schimpfwort gilt, ist sie, wie einige ihrer Vereinskollegen, durch ihr entschiedenes »Bekenntnis zur Herkunft« sogar in der eigenen Familie auf harte Kritik gestoßen. »Haben wir Besuch im Haus, dann schämen sich meine Kinder, wenn ich mit Vater Polnisch rede.«

Im Laufe der Jahre sind viele der polnischen Organisationen, in denen Franz Wachowiak früher aktiv war, eingegangen. Der Polnische Bergarbeiterverband, der 1919 noch 46000 Mitglieder zählte, mußte gegen Ende der Zwanziger Jahre seine Segel streichen: die Polenpartei, als deren Vertreter sich Wachowiak von 1924 bis 1929 für die Interessen der polnischen Minderheit im Stadtrat von Castrop-Rauxel einsetzte, verschwand noch vor der Machtergreifung der Nationalsozialisten von der politischen Bühne, und viele der 250 Kirchenvereine zogen die Konsequenzen aus dem rapiden Mitgliederschwund und machten dicht. Als deutliches Indiz für die zunehmende Assimilation der Polen betrachtet es Ruhrexperte Professor Brepohl, »daß Namensänderungen etwa ab 1923/24 im rheinisch-westfälischen Industriegebiet immer häufiger auftraten«. Rund 240000 Personen (darunter auch viele Ostpreußen, Masuren und Oberschlesier) trugen nach dem Ende des Zweiten Weltkrieges statt des alten slawischen Namens einen deutschen.

Die nach dem Versailler Vertrag getroffenen Grenzregelungen verlagerten das »Polenproblem« wieder in die Ostgebiete des Deutschen Reiches, wo mehr als eine Million Polen lebten. Deshalb waren die »Westfalczyks« für den im Jahre 1922 in Berlin gegründeten »Bund der Polen in Deutschland« nur noch von zweitrangigem Interesse. Erst nach dem letzten Krieg verlegte der »Bund der Polen« seinen Sitz wieder nach Bochum, dem einstigen politischen und kulturellen Zentrum der polnischen Minorität. Heute führt hier der Pater Edmund Forycki den Vorsitz. Der polenstämmige Westfale – sein Vater kam 1895 aus Posen in den Pütt – will durch die Arbeit seines Bundes »das Polentum der Väter pflegen«. Dieser durchaus bescheidenen Zielsetzung folgt aber nach einer Atempause der anspruchsvolle Zusatz: »... um damit die deutsche Kultur zu befruchten«. So sehr das Programm des Bundes zeitgemäße Züge trägt, mit einigen Äußerungen gerät der Pater, der sich von älteren Mitgliedern die Hand küssen läßt, in die Nähe anachronistischen Fabulierens. So zum Beispiel, wenn er sich mit energischem Tonfall »gegen jede Bestrebung künstlicher Germanisierung der Ruhrpolen« wendet.

In der Zeit zwischen den Weltkriegen entwickelte sich der Bund, der 1939 verboten wurde, zu einem einflußreichen ethnischen Verband, der neben Gymnasien und Konsumgenossenschaften auch Banken betrieb. Der wettergebleichte Schriftzug der »Bank Robotnikow« (Arbeiterbank) an der Seitenfassade eines Hauses neben dem Zentralbüro der Organisation ist ein verblassender Zeuge dieser Zeit.

Im Vergleich zu den Aktivitäten der Vergangenheit erscheint die Tätigkeit des »Bundes der Polen in Deutschland« heute eher kümmerlich. Dennoch ist es erstaunlich, was hier immer noch an zäher Vereinsarbeit geleistet wird: Zur Weihe der kostbaren Kirchenfahnen veranstaltet der Bund, »dessen Fundament der katholische Glaube ist« (Forycki), regelmäßig Gruppenreisen zum Wallfahrtsort Tschenstochau, an der zuletzt 400 Personen teilnahmen. Die mit einer Auflage von 3500 Exemplaren erscheinende Zeitschrift ›Ogniwo‹ (›Band‹) berichtet monatlich über die Treffen der Ortsgruppen und Gesangsvereine, von denen sich ein knappes Dutzend im Ruhrgebiet befindet. Etwa zehn Lehrer erteilen, vom Land Nordrhein-Westfalen besoldet, in zwanzig Schulen einigen hundert Jugendlichen polnischen Unterricht, und neun Geistliche betreuen nebenamtlich die polnischen Gläubigen in den Städten zwischen Ruhr und Emscher. Über die genaue Mitgliederzahl ist im Büro des Polenbundes nichts zu erfahren, doch deutet Forycki an, daß der Bund vor allem durch ehemalige polnische Zwangsdeportierte, die nach dem Zweiten Weltkrieg in der Bundesrepublik geblieben sind, verstärkt worden sei.

Auch wünschten gerade in jüngster Zeit zahlreiche Kinder von deutschen Spätumsiedlern aus den ehemaligen Ostgebieten als »fördernde Mitglieder« vom Bund aufgenommen zu werden. Edmund Forycki berichtet von deutschstämmigen Jugendlichen aus dem heutigen Westpolen, die sich durch ihre schulische Erziehung und Sprache in 20 Jahren so weit dem Polentum angepaßt haben, daß ihre Eltern die Umsiedlung in die BRD nur gegen ihren Willen vollziehen konnten. »Die Klage, nicht gefragt worden zu sein, hören wir oft von jungen Spätaussiedlern«, sagt der Vorsitzende.

Durch die pointiert klerikale Grundtendenz des Bundes, an dessen Spitze fast immer ein katholischer Priester stand, mußte das Verhältnis zur Sozialistischen Volksrepublik Polen zwangsläufig leiden. So führte der programmatische Grundsatz, »daß (katholische) Kirche und Nation im polnischen Bewußtsein immer eine Einheit waren und es auch bleiben müssen«, im Jahre 1950 zur Spaltung des Polenbundes. Der größte Teil der Mitglieder schloß sich dem Spaltprodukt »Zgoda-Eintracht – Verband der Polen in Deutschland« an, dem an einem guten Verhältnis zur Warschauer Regierung mehr zu liegen scheint als dem »Bund«.

In der Bochumer Zentrale der »Zgoda« stößt jeder Außenstehende, der für den Verband Interesse zeigt, auf höfliche Zurückhaltung: »Wir bemühen uns um kulturelle Kontakte mit den Menschen in Polen und betreuen unsere Anhänger in der Bundesrepublik.«

Die Gründe für dieses Verhalten sind in Pressemeldungen zu finden, durch die eine Springer-Zeitung im Sommer 1972 die Öffentlichkeit zu erregen suchte. Wohl aus Mangel an zündender Munition gegen die Ostpolitik verlegte ›Die Welt‹ ihr breitgestreutes Sperrfeuer gegen die Außenpolitik der sozialliberalen Koalition zeitweilig auf eben den »Zgoda-Verband«. Unter der schreckenerregenden Überschrift »Junge Deutsche sollen in Polen zu Partisanen ausgebildet werden« berichtete die Zeitung unter Berufung auf »westliche Geheimdienstberichte«, daß 6000 meist jugendliche Deutsche polnischer Abstammung aus dem Ruhrgebiet, die im Zgoda-Verband zusammengeschlossen seien, »in Militärlagern der polnischen Armee im Partisanenkampf ausgebildet werden«.

Im Süden Castrop-Rauxels liegt die Bergmannskolonie der stillgelegten Zeche »Graf Schwerin«. Hier lebte Franz Wachowiak sein »deutsches Leben«.

Der inzwischen verstorbene Vorsitzende des Polenbundes »Zgoda«, Marian Grajewski, dementierte damals im Verbandsblatt ›Gos Polski‹: »Wir schicken einmal im Jahr 60 Kinder im Alter zwischen elf und 15 Jahren nach Polen, die dort in normalen Kinderheimen untergebracht sind. Von einer Partisanenausbildung kann keine Rede sein. Jedes unserer Mitglieder ist ein loyaler Bürger dieses Staates, in dem wir leben.« Auch die vom nordrhein-westfälischen CDU-Chef Heinrich Köppler angeregte Überprüfung, »ob Zgoda von Warschau über die polnische Militärmission Weisung für akzentuierte Aktionen erhalte«, ist mittlerweile ergebnislos im Sande verlaufen.

Und wie sieht es heute in der alten Bergarbeiterkolonie Schwerin aus? In dem kleinen Laden an der Ecke ist Polnisch Fremdsprache, aus dem »Sklep kartoflami« wurde ein »Kartoffelhandel« und nur der Name des Besitzers, Katzinski, ziert heute wie vor 60 Jahren die Fassade des Geschäfts. Schalke 04, die Mannschaft, in der früher Leute wie Czepan, Kalvitzki, Kuzorra oder Tibulski den Weg nach oben schafften, ist auch hier nicht mehr das alte Objekt nationaler Verehrung, nachdem polnische Namen immer seltener in den Mannschaftsaufstellungen zu finden sind.

Schon gut fünf Jahre steht die Zeche »Graf Schwerin« still. Wie die meisten jüngeren Bewohner zog auch Alfons, der einzige Enkel von

Jubiläum der Gesangsvereine: »Tobie Polsko Spiewamy«. Jeder im Saal kennt die Bedeutung: »Dir Polen singen wir.«

Franz Wachowiak, auf der Suche nach einer neuen Beschäftigung in einen anderen Stadtteil, wo er heute als Schlosser arbeitet. Die polnische Herkunft seiner Vorfahren ist für ihn nur noch eine dunkle Erinnerung an Großvaters Erzählungen. In die freigewordene Wohnung von Enkel Alfons zog – zum zweitenmal in diesem Jahrhundert – ein Arbeiter fremder Nationalität, diesmal ein Türke. Etwa 30 Prozent aller Bewohner der Kolonie sind heute »Gastarbeiter«. Die Deutschen in den Zechenhäusern im Schatten der zum Monument erstarrten Abraumhalde sind zumeist Invaliden und Rentner.

Orientiert man sich an der Bevölkerungsstruktur, so lassen sich hier ähnliche Verhältnisse vorfinden wie in Frankfurt-Westend oder Berlin-Kreuzberg: Viele Ausländer leben neben älteren Deutschen in Häusern, die fast alle schon zwei Weltkriege überdauerten.

Trotz dieser Parallelen unterscheidet sich aber das alte Schwerin in einem wesentlichen Punkt von den Metropolen an Main und Spree:

»Gastarbeiterprobleme« im nachbarlichen Grußbereich kennt man hier nicht. Die Arbeiterfrau Lotte N. zum Beispiel ist Mutter von sechs Kindern. In ihrer Nachbarschaft wohnt seit einigen Monaten ein griechisches Ehepaar mit einem Sohn. Da seine Eltern beide berufstätig sind, war es für Frau N. eine Selbstverständlichkeit, den neunjährigen Georgios tagsüber zur Pflege zu übernehmen, denn »wo sechse leben, da werden auch sieben satt«. Schräg gegenüber liegt die Wohnung einer blinden Frau, deren Mann (auch er war Bergarbeiter) vor einigen Jahren gestorben ist. Da sie alleine lebt, ist sie auf die Hilfe der anderen Hausbewohner angewiesen. Jeden Tag bringen die Töchter einer türkischen Familie, die über ihr wohnen, das Essen in die Wohnung und sehen auch sonst nach dem Rechten. »Hier in unserem Kohlenkasten«, schwärmt die alte Frau, die sich mittlerweile auch schon an die scharfe türkische Küche gewöhnt hat, »da gibt es noch internationale Solidarität.«

Die Gründe für dieses ungewöhnliche Sozialverhalten der Menschen in Schwerin liegen für Franz Wachowiak auf der Hand. »Die meisten hier wissen genau, wie schwer es ist, von zu Hause weggehen zu müssen, um in der Fremde sein Geld zu verdienen. Das war früher nicht anders als heute.«

Anders als heute wollte die Industrie jedoch damals – aufgrund unterschiedlicher ökonomischer Bedingungen – die angeworbenen Fremden im Ruhrpott seßhaft machen. In der Kaiserzeit bauten die Zechen deshalb für die Ansiedlung der Arbeiter aus dem Osten »Sozialwohnungen«, die im Europa des beginnenden 20. Jahrhunderts ihresgleichen suchten. Billige Mieten (eine Zweizimmerwohnung kostete in Schwerin 1901 fünf Mark) und »ein Stück Land« hinter dem Haus sollten verhindern, daß mit dem Gedanken an eine Rückkehr an die Warthe ernst gemacht wurde.

Heute signalisiert der Zuzug von Ausländern soziale Unsicherheit. Wo Griechen, Türken oder Jugoslawen einziehen, da läßt sich der Grundstücksverwalter mit der Genehmigung von dringend erforderlichen Instandsetzungsarbeiten noch länger Zeit als sonst. Die Kolonie verfällt und wird Stück für Stück zum »Sanierungsgebiet«. Der kleine Garten, wo jeder Quadratmeter von den Mietern wirtschaftlich genutzt wird und der schon so manchem Kumpel über die mageren Jahre der Krisenzeiten hinweghalf, ist in den Augen des Besitzers, des Eschweiler Bergbauvereins, seit langem nicht viel mehr als eine unrentable Idylle.

Im Gegensatz zu Kaiser Wilhelms Gastarbeitern, die zum größten Teil deutsche Staatsbürger waren und deshalb auch nicht unter dem Schwert des Ausländergesetzes standen, haben die Türken nicht die Möglichkeit, durch die Bildung von politischen Organisationen auf die Gesellschaft Einfluß auszuüben. »Wir dürfen ja noch nicht mal wählen. Wenn ich auch nur den Mund aufmache, muß ich mit Ausweisung rechnen«, schildert einer von ihnen trocken seine Situation. Im Grunde aber, so meint der Türke, sei das Problem der Herkunft gar nicht so entscheidend, »denn irgendwie sind wir doch alle Fremdarbeiter«.

Bewacht, bespitzelt, heimatlos (Oktober 1974)

Statt der befürchteten Terroristen kamen Flüchtlinge ohne Hab und Gut. Die Überwachung der Exil-Chilenen in Deutschland geht dennoch weiter. Politisches Engagement ist suspekt.

Im Kölner Bundesamt für Verfassungsschutz will Pressesprecher Hellenbruch keine endgültige Stellungnahme zum Thema »Chile-Flüchtlinge in der Bundesrepublik« abgeben. Er sagt: »Die Observationen dieser Personengruppe laufen noch. Zu den Ergebnissen unserer Ermittlungen werden wir uns vor Jahresfrist nicht äußern können.«

Der Bundesverfassungsschutz unterscheidet 91 »politisch problematische« Chile-Flüchtlinge, die angeblich ein Sicherheitsrisiko für die BRD darstellen, von 649 nicht so problematischen politischen Exil-Chilenen. »Sobald ein Flüchtling durch seine politische Betätigung den Bereich des rein Geistigen überschreitet«, erläutert der Pressesprecher die hausinterne Differenzierung, »wird er für uns zum Problem«. Ob rein geistig oder politisch problematisch: Überwacht werden alle 740 Flüchtlinge aus Chile auch nach ihrer Einreise in die Bundesrepublik. Die Erfahrungen der vorigen Olympiade veranlaßten die Polizeibehörden während der Fußballweltmeisterschaft zu erhöhter – bisweilen hysterischer – Wachsamkeit: Bei Nichtbefolgen einer täglichen Meldepflicht, drohte der Oberstadtdirektor von Bochum einigen chilenischen Flüchtlingen, »werde ich Sie sofort festnehmen und dem Polizeigewahrsam zuführen lassen, um Ihre Abschiebehaft gemäß § 16 Abs. 1 oder 2 AuslG beim zuständigen Amtsgericht zu beantragen.« Der Ton kam den Betroffenen bekannt vor. Sie haben immer noch Angst, Angst, irgendwie aufzufallen, abgeschoben zu werden und mit 20 Kilo Gepäck ein neues Asyl suchen zu müssen. »Unter diesen Umständen«, sagt Felipe Fernandez, »fällt es schwer, sich in einem fremden Lande einzuleben.«

Für Felipe Fernandez, 35 (der Name wurde geändert), von Beruf Volksschullehrer, ist die Erinnerung an den Rechtsputsch in Chile zugleich Erinnerung an seinen sechs Jahre jüngeren Bruder, der den rebellierenden Militärs vor dem Präsidentenpalais La Moneda in Santiago Widerstand leistete und fiel. Am selben Tag sah die Frau von Felipe Fernandez, Irena, 30, ihren Vater zum letztenmal. Sie vermutet ihn heute in einem Konzentrationslager im Norden Chiles.

Felipe Fernandez und seine Frau leben mit ihren ein- und zweijährigen Töchtern im »Übergangsheim für Aussiedler« in Gelsenkirchen-Scholven, am äußersten Rande der Stadt. Die Bundesrepublik ist kein Einwanderungsland. Darum hat sie der Familie Fernandez, neben weiteren 734 Flüchtlingen aus Chile – unter ihnen viele junge Akademiker –, nur eine befristete Aufenthaltsgenehmigung bis Ende dieses Jahres erteilt.

Seit einem halben Jahr bewohnen Irena Fernandez und ihre Kinder ein 24 Quadratmeter großes Zimmer im Übergangsheim, das sich von den Obdachlosensiedlungen (Amtsdeutsch: Schlichtbauten) nur durch den Namen unterscheidet. Zuvor verbrachte sie einige Wochen im westfälischen Auffanglager Unna-Maassen.

Zwanzig Kilo Gepäck – das war alles, was sie aus der Heimat mitbringen durfte. Da fehlte es in den ersten Wochen am Nötigsten. Eine erste dürftige Grundausstattung für den Haushalt kaufte Irena Fernandez von den 2000 Mark Starthilfe der Stadt. Betten, Geschirr, Windeln und warme Kleidung gehörten zu den wichtigsten Anschaffungen. Aber schon zu einem Schrank reichte es nicht mehr. Zwei Waschmaschinenkartons dienen noch heute als Kleiderablage. Die Wäsche trocknet an regnerischen Tagen an einer Leine, die quer durch das Zimmer gespannt wird. An den Wänden hängt als unmißverständlicher Hinweis auf den politischen Standort ein Flugblatt mit dem Porträt des toten Präsidenten Allende: »Venceremos – Wir werden siegen!«

In den beiden anderen Zimmern der Gelsenkirchener Wohnung leben noch zwei weitere Familien – deutsche Spätaussiedler aus dem Osten.

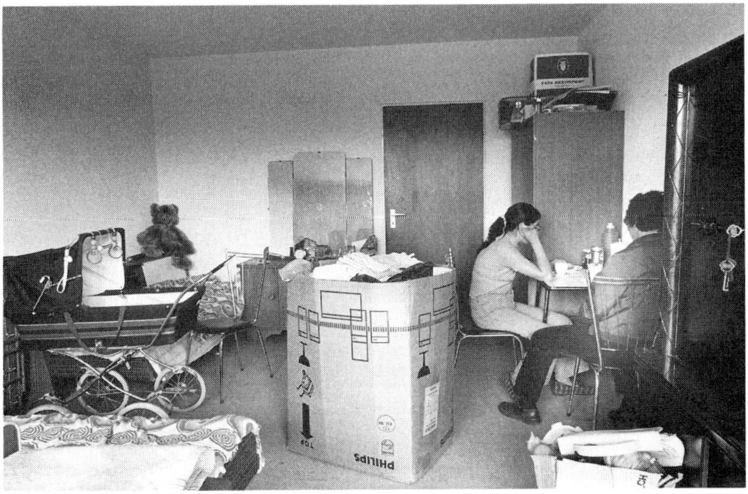

Seit acht Monaten auf 24 Quadratmetern: Die vierköpfige Familie des Exil-Chilenen Fernandez lebt in einem sogenannten »Übergangsheim«; Kartons dienen als Kleiderschrank.

Küche, Waschgelegenheit und die Toilette sind laut Anweisung »gemeinschaftlich zu nutzen«. In den anderen »Wohngemeinschaften« der Schlichtbauten sieht es ähnlich aus. Deutsch ist hier Fremdsprache. Mit Polnisch oder Spanisch kommt man eher durch.

Der Mann von Irena Fernandez war Mitglied der Sozialistischen Partei Chiles. Bis Ende Mai 1974 mußte er in der deutschen Botschaft in Santiago bleiben. Zwar lag eine Ausreisegenehmigung der chilenischen Behörden schon seit Februar vor, doch in der Bundesrepublik aufkommende Gerüchte, daß sich unter den Flüchtlingen auch »Terroristen, Flugzeugentführer, Tupamaros, Bankräuber, Guerilla-Ausbilder und Sprengstoffexperten« (›Die Welt‹ am 21. März 1974) befänden, hatte zu einer Verschärfung der Personenüberprüfung in der Botschaft geführt. So verzögerte sich auch die Ausreise von Felipe Fernandez.

Die beiden Chilenen und ihre zwölf Landsleute, die noch in den Übergangsheimen wohnen (ursprünglich waren es 30), sehen keinen Grund, sich über die mangelhaften Lebensbedingungen zu beklagen. Sie kamen nicht nach Deutschland, um an dem – für lateinamerikanische Verhältnisse – phantastischen Wohlstand teilzuhaben. Sie kamen, um zu überleben. »Die Junta hielt mich einige Tage im Fußballstadion der Hauptstadt gefangen«, erzählt Felipe Fernandez: »Tag und Nacht hörte ich die Schreie der Gefolterten. Damals verließ mich die Hoffnung auf ein Wiedersehen mit meiner Familie. Heute sind wir vereint und in relativer Sicherheit.«

Die Zeit im Gefangenenlager »Estadio Nacional« sitzt dem kleinen, hageren Volksschullehrer, der die Entlassungsbestätigung aus dem Konzentrationslager auch in Gelsenkirchen immer bei sich trägt, noch in den Gliedern. Seine Gestik wirkt zerfahren. Sein Blick scheint hinter den dicken Brillengläsern unablässig zu flackern. Er befürchtet noch heute Repressionen durch den chilenischen Geheimdienst, vor dem er auch in Gelsenkirchen nicht sicher zu sein glaubt, und auch den deutschen Behörden mißtraut er. Für die Unterstützung durch das Sozialamt – 800 Mark monatlich – zeigt sich der Chilene dankbar, denn er mißt seinen Lebensstandard an der chilenischen Realität. Seine Familie muß keine Not leiden, und das ist die Hauptsache. Jede Mark, die sie von den 800 Mark Sozialfürsorge sparen kann, wird an die bedrängten Angehörigen über Umwege nach Chile geschickt. Es sind keine großen Beträge, doch glaubt Irena Fernandez, »daß in der augenblicklichen Situation schon 50 Mark Leben retten können.«

Die chilenischen Zensurbehörden lassen, nach Auskunft der Flüchtlinge, nur wenige Briefe an die Angehörigen passieren. Irena Fernandez erhielt im April den letzten Brief von ihrer Mutter. Sie selbst schreibt viermal in der Woche, doch meist vergebens. Kommt ein Brief aus Chile, mit dickem Zensurstempel auf der Rückseite, in Gelsenkirchen-Scholven an, so geht er durch viele Hände. Alle Flüchtlinge wollen teilhaben an den Neuigkeiten, an den Problemen daheim. Sie haben inzwischen gelernt, vor allem zwischen den Zeilen zu lesen. »Post aus Chile«, meint Fernandez, »das ist für uns ein Stück Zuhause.«

Ohne Erfolg blieben bisher die Bemühungen der Familie Fernandez, aus den dreistöckigen Schlichtbauten herauszukommen. Obwohl die nahegelegene Stadt Bochum geräumige Sozialwohnungen für 50 Flüchtlinge bereitgestellt hat, die an der Ruhruniversität einen Deutschkurs besuchen, sitzen einige Chilenen immer noch in ihren engen Behausungen. Die Stadt Gelsenkirchen ließe die Exil-Chilenen, die aus dem städtischen und einem Sonderetat des Landes finanziert werden, gerne ziehen, nachdem der Empfang und die Unterbringung der Flüchtlinge manchen negativen Bericht in der Lokalpresse provozierte. Doch ist die Stadt nicht bereit, einen Teil der Miete auch dann zu tragen, wenn die Chilenen in Bochum Quartier bezogen haben, wie es etwa eine vorbildliche Vereinbarung zur Übernahme der Flüchtlinge vorsieht, die zwischen den Städten Bochum und Dortmund getroffen werden konnte.

»Außerhalb der Stadtgrenzen hört für manchen im Rathaus die Welt eben auf«, sagt Werner Stangier. Er ist ein Mitarbeiter in der »Arbeitsgemeinschaft Hilfe für Chile«, die Vertreter der Gewerkschaften, der Jungsozialisten und der Organisation »Amnesty International« in Bochum gegründet haben, um Chile-Flüchtlinge zu betreuen. Zusammen mit einigen »Chile-Solidaritätskomitees« in anderen Städten bemühen sich die zumeist jungen Helfer, durch private Intitiativen »Ordnung in das administrative Durcheinander zu bringen«.

Werner Stangier fragt sich, warum das Sozialministerium in der Landeshauptstadt das Angebot der Städte Bochum und Düsseldorf, je 100 Chile-Flüchtlinge aufzunehmen, ablehnte und statt dessen über 50 heimatlose Südamerikaner in die schlechten Unterkünfte nach Gelsenkirchen verfrachtet hat: ausgerechnet in die Stadt mit der höchsten Arbeitslosenquote im Ruhrgebiet. Um arbeiten zu können, müssen die Akademiker unter den Flüchtlingen, und das sind die meisten, vor allem erst einmal gut Deutsch sprechen können. Deshalb müssen die Chilenen nun täglich mit zwei Kleinbussen von Gelsenkirchen und Oberhausen in die Bochumer Uni zum Sprachkurs fahren. Die Wohnungen ganz in der Nähe des Campus bleiben leer. Die Benzinkosten werden durch Spenden getragen.

Ohne die Unterstützung durch die zahlreichen Komitees wären die Exil-Chilenen ebenso isoliert wie es die anderen Ausländer in der Bundesrepublik sind. Zwar kommt es immer wieder zu Auseinandersetzungen, vor allem zwischen den deutschen Chile-Sympathisanten, die ihre politischen Differenzen über den Köpfen der erstaunten Chilenen glauben austragen zu müssen, doch bieten die Solidaritätskomitees für die Flüchtlinge den bestmöglichen, und häufig einzigen, Kontakt zum »Gastland«. Denn während die Gastarbeiter in der bundesdeutschen

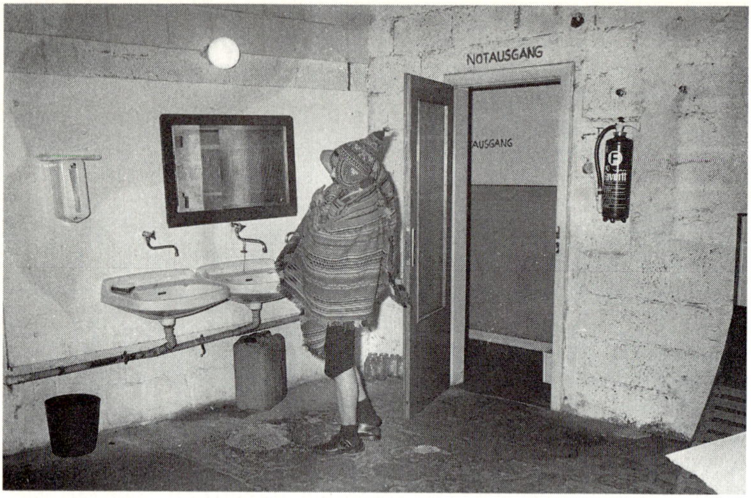

Folkloreabend der Heimatlosen: Der »doppelte Flüchtling« Lisboa aus Bolivien bereitet seinen Auftritt in dem Oberhausener Linkstreff »K 14«, einer ehemaligen Fabrikhalle, vor.

Öffentlichkeit immer wieder Anzeichen der Verachtung empfinden, stoßen die Chilenen bei einem großen Teil der Bevölkerung wenn nicht auf Hochmut, so doch auf ein starkes Mißtrauen. »Politische Flüchtlinge aus Südamerika – das riecht eben nach Bombenterror und Guerilla«, meint ein Chile-Helfer.

Privaten Vermittlungsbemühungen ist es auch zu verdanken, daß viele Flüchtlinge aus Chile die Übergangsheime schneller wieder verlassen konnten, als dies allgemein üblich ist. Deutsche Spätaussiedler aus Polen oder Rußland, die sich nicht der Unterstützung gesellschaftlich engagierter Gruppen erfreuen, müssen bis zu drei Jahre in engen Wohnungen an der Peripherie unserer Städte ausharren.

Erstaunlicherweise sind von den 740 Flüchtlingen aus Chile, die fast nur von sozialliberal regierten Bundesländern aufgenommen wurden, 300 keine gebürtigen Chilenen. Auch ihr Schicksal wirft ein Licht auf die politische Situation des lateinamerikanischen Kontinents. Von den Militärs ihrer Heimatländer Brasilien, Uruguay oder Bolivien meist wegen demokratischer »Umtriebe« verfolgt, fanden sie im Chile der Unidad Popular politisches Asyl.

Für Eduardo Lisboa (der Name wurde geändert) und seine Familie, die in den ersten Monaten in den Schlichtbauten der Zechensiedlung

Osterfeld in Oberhausen wohnten und jetzt in eine geräumige Neubauwohnung umziehen konnten, war der 11. September, der Tag des Chile-Putsches, nur eine Wiederholung dessen, was sie schon am 21. August des Jahres 1971 in der bolivianischen Hauptstadt La Paz erlebten. Damals beseitigte Hugo Banzer die »linke« Regierung Juan Torres in einem blutigen Handstreich. Den neuen Machthabern erschienen die sozialpolitischen Bemühungen des Gewerkschaftlers Lisboa »staatsgefährdend und subversiv«. Nur durch die Flucht nach Chile konnte er sich mit seiner Familie dem Zugriff der Junta entziehen.

Zwei Jahre später der gleiche Vorgang. Diesmal suchten ihn die chilenischen Behörden, die nach dem Putsch Jagd auf die »ausländischen Volksverführer« machten. Allein 350 Exil-Bolivianer wurden der bolivianischen Polizei übergeben. Lisboa fand noch in letzter Minute mit Frau und Kindern Zuflucht in einem Flüchtlingslager der Vereinten Nationen. Dem deutschstämmigen Bischof der evangelischen Kirche in Chile, Frenz, gelang es, der Familie eine Ausreisegenehmigung zu verschaffen. In Oberhausen besucht Eduardo Lisboa einen Deutschkurs der Volkshochschule. Ende des Jahres glaubt der 32jährige, so weit zu sein, daß er an einem Schweißerlehrgang teilnehmen kann, »um möglichst schnell von der Fürsorge loszukommen«. Seine Frau hat nur wenig Zeit zum Deutschlernen, denn für die beiden jüngsten Kinder gibt es keinen Platz im Kindergarten. Alexander und Jorge, die beiden ältesten, fanden schon nach kurzer Zeit Anschluß bei den einheimischen Kindern. Seitdem die Chile-Flüchtlinge in Oberhausen wohnen, ergänzen sich der lateinamerikanische und der europäische Fußball auf den Kinderspielplätzen der Stadt. Für die Jungen ist die deutsche Sprache kaum noch ein Problem, denn sie lernen »spielend«, was die Eltern mühsam einpauken müssen. Vormittags besuchen sie noch eine Schule für Gastarbeiterkinder. 60 Jungen und Mädchen drängen sich hier in einer Klasse.

Treffpunkt der etwa 50 Oberhausener Exil-Chilenen ist eine zur Kneipe umgebaute Fabrikhalle im Zentrum der Stadt. Ihre Gründer gaben dem Jugendtreffpunkt in ironischer Anlehnung an die politische Dienststelle der Polizei (14. Kommissariat) den – für Linke – zwielichtigen Namen »K 14«.

Doch »K 14« ist mehr als nur die Stammkneipe der Oberhausener Chilenen – sie gilt auch als ein politisches Forum. Zusammen mit den Chile-Komitees veranstalten sie hier Diskussions- und Folkloreabende, Dichterlesungen zu Ehren des verstorbenen Literaturnobelpreisträgers Pablo Neruda sowie Versteigerungsaktionen, »damit der Kampf Südamerikas nicht in Vergessenheit gerät«. Auch die Oberbürgermeisterin der Stadt, Luise Albertz, selbst einst vom Faschismus verfolgt, unterstützt die Arbeit der Flüchtlinge. In einem Brief an Außenminister Dietrich Genscher setzte sie sich für die Freilassung von zwei in der chilenischen Provinz Valdivia zum Tode verurteilten Männer ein, deren Familien heute in Oberhausen wohnen. Genscher vermittelte an die deutsche Botschaft in Santiago. Die Solidarität hatte Erfolg: Zunächst wandelte der Militärgouverneur das Todesurteil in eine lebenslange Haftstrafe um. Wenig später erfolgte die Freilassung. Heute leben die beiden bei ihren Familien.

Aber nicht alle Flüchtlinge aus Chile konnten so gute Erfahrungen mit deutschen Dienststellen machen. Der junge katholische Geistliche Willi Köhlings aus Düsseldorf war selber drei Jahre in den Slums von Valparaiso in der Sozialarbeit tätig, bis ihn die neuen Machthaber mehrere Wochen in einem Konzentrationslager in der Wüste von Atacama festhielten und schließlich des Landes verwiesen. Köhlings berichtet von teilweise peinlichen Befragungen des Bundesamtes für Verfassungsschutz in der westdeutschen Botschaftskanzlei in Santiago, wo sich 52 Verfolgte aufhielten. »Einige Fragen, die die Verfassungsschützer stellten, gaben den stundenlangen Verhören den Charakter von Inquisitionen, die selbst vor der Intimsphäre der Befragten nicht halt machten. So wollte man von einer Mutter von drei Kindern wissen, ob sie ihr erstes Baby vor oder nach der Eheschließung zur Welt brachte.« In einem anderen Fall sollen die Behörden die Aufenthaltsgenehmigung für ein unverheiratetes Paar von der »Legalisierung der Beziehung« abhängig gemacht haben. Die beiden heirateten in der Botschaft und leben heute in Hessen.

Alle politischen Aktivitäten beschränken die Chile-Flüchtlinge von sich aus strikt auf die Mobilisierung der Soldiarität mit dem demokratischen Chile, das heißt mit den oft unbekannten Häftlingen der Konzentrationslager und ihren hilflosen Familien; mit den verfassungstreuen Soldaten, die mit schweren Strafen zu rechnen haben, weil sie sich weigerten, am Putsch teilzunehmen, und mit den vielen chilenischen Flüchtlingen in Peru oder Argentinien, deren Aufenthaltserlaubnis im Exil nicht verlängert wird, wenn sie keine Arbeitsplätze in ihren Gastgeberländern nachweisen können.

Im Zentrum der demokratischen Chilenen in Frankfurt laufen die Fäden des Freiheitskampfes der westdeutschen Chile-Flüchtlinge zusammen. Das politische Spektrum ist breit. Sozialisten, Kommunisten, christliche Linke und bürgerliche Demokraten arbeiten hier scheinbar ohne größere Reibereien zusammen. Das politische Geschehen innerhalb der Bundesrepublik verfolgen die Flüchtlinge mit distanzierter Aufmerksamkeit. Zu parteipolitischen Festlegungen lassen sie sich in Interviews nicht bewegen. Sie betrachten sich als höfliche Gäste, die sich nicht in die fremden Angelegenheiten einmischen.

Mit elf schon ein Trinker (Dezember 1974)

Alarm in den Jugendämtern. Jetzt haschen sie nicht mehr, jetzt saufen sie: Es gibt mehr jugendliche Trinker in der Bundesrepublik als je zuvor. Nicht nur in Slums, auch in Bürgerhäusern sind Halbwüchsige dem Alkohol verfallen.

Über die Meistersingerstraße in Essen-Steele torkelt eine Gestalt, jetzt stolpert sie über den Bordstein, stürzt und bleibt regungslos liegen: Peter P., 14 Jahre altes Mitglied der Rockergruppe »Atlantis«, hat mal wieder »ein' zuviel hinter die Kiemen gekippt«.

»Bei Alfred« um die Ecke kommt er langsam wieder zu sich, nachdem er den Inhalt von »acht braunen Granaten der Stern-Brauerei«, die er sich mit seinen Freunden »reingezogen« hat, auf der Toilette unter Krämpfen wieder losgeworden ist. Es ist ein schwindsüchtig wirkender Knirps, der da nach durchzechtem Tag gegen 22 Uhr hilflos und schwankend auf dem Tresenhocker sitzt und an einer Flasche Selterswasser nuckelt. »Schlucken«, sagt er im reinsten Tegtmeier-Deutsch, »dat tu ich schon seit ich elf bin. Zuerst nur ab und zu heimlich nache Schule oder wenn Feiertag war. Später, als die vonne Atlantis mich aufgenom ham, da blieb kein Wochenende trocken.«

Vor drei Monaten mußte Peter P. nach mehrmaligem Sitzenbleiben die Sonderschule verlassen. »Am Arbeitsamt ham die nur gelacht, als die hörten, dat ich Tierpfleger werden will. Dat is kein richtiger Beruf, ham se gesagt, und überhaupt is keine Arbeit da für mich. Nur für Siebzehnjährige hätten se Hilfsarbeit, da sollte ich mich ma gedulden.«

Der Anteil der Jugendlichen an dem rapide zunehmenden Alkoholismus in der Bundesrepublik nimmt überproportional zu. Von den 1,2 bis 1,8 Millionen Alkoholabhängigen sind nach vorsichtigen Schätzungen 100000 jünger als 25 Jahre. Ende der sechziger Jahre waren es kaum halb soviel. Tranken Kinder noch vor wenigen Jahren durchschnittlich im Alter von zehn bis zwölf (Jungen) bzw. elf bis 14 (Mädchen) zum ersten Mal alkoholische Getränke, so hat sich das Alkoholdebüt heute um zwei Jahre vorverlagert. Und je früher die Trinkkarrieren beginnen, das beweist die Praxis in den Heilanstalten, desto jünger sind die Alkoholabhängigen. »Wir stehen völlig unvorbereitet vor dem Problem der minderjährigen Trinker«, bekennt man im Jugendamt der Stadt Essen.

Seit drei Monaten lungert der arbeitslose Atlantis-Rocker Peter P. fast täglich mit einigen »Kumpels« am Einkaufszentrum oder hinter den Garagen der trostlosen Essener Neubausiedlung Isinger Feld herum und »zieht sich die braunen Granaten rein«: »Wat sollze auch sons hier groß tun?«

Drei große Essener Jugendgangs – die Steppenwölfe, Santana und

Atlantis – führen hier vor allem an den Wochenenden Kleinkriege. Die Anführer, zwischen 16 und 18 Jahre alt, beziehen ihre Autorität durch ihr beachtliches Trinkvermögen (»16 Halbe sind am Freitagabend immer drin«). Peter P. schildert das »Vereinsleben«: »Wir treffen uns nachmittags im Park oder am Einkaufszentrum und holen uns erst ma wat zu schlucken – meist Bier, manchmal is auch ne Flasche Korn dabei. Wenn wir dann nach ne Weile alle so schön pralle sind, gehen wir auf Tour, suchen uns den ersten besten Steppenwolf – nich zu groß und nich zu klein – und haun ihm eine vor de Murmel, bisser naß is.«

Wenn der 14jährige Peter P. betrunken nach Hause kommt, dann empfängt ihn ein meist ebenso betrunkener Vater:

»Erst schimpft der Alte wie 'n Weltmeister, und dann kloppt er mich mit sein Gürtel durch. Aber wennze besoffen bis, dann spürse die Schläge nich so.«

Trotz der schon fast täglichen Sauftouren seines Sohnes ist Vater P., 37, von Beruf Maurer und entsprechend massig gebaut, mit seinem Peter »im Ganzen zufrieden«. »Wir waren doch früher auch keine Engel«, sagt er, »und heutzutage is die Jugend nun mal schneller entwickelt als in unsere Tage.« Seine handgreiflichen Erziehungsmaßnahmen begründet der Vater von sechs Kindern – alle jünger als Peter – lautstark so: »Erzogen werden muß in jedem Fall, dat is meine Pflicht als Familienoberhaupt.«

Mutter P. hingegen macht die Entwicklung ihres Ältesten Sorgen. Sie glaubt, daß das schlechte Beispiel ihres Mannes, der »schon von Berufs wegen« viel trinkt, Peter negativ beeinflußt. »Wat wollen Se da machen«, sagt die zierliche Frau, »da verprügelt er den Jungen zweimal die Woche, weil der trinkt, und dabei is er doch selber dauernd besoffen.«

Im Essener Jugendamt ist über Peter P. wenig bekannt. »In der Freizeit spielt Peter am liebsten Fußball«, steht in seiner Akte in krasser Verkennung der Realität. »Er geht aber auch gerne schwimmen. Zu Hause liest er am liebsten. Sein Verhalten wird als ruhig und hilfsbereit geschildert.« Daß Peter P. seit längerer Zeit regelmäßig zur Flasche greift, ist der zuständigen Amtsleiterin Maria Sadek-Hassanein neu.

Da die Eltern junger Trinker selten die Behörden von sich aus informieren, erfährt das Jugendamt gewöhnlich erst dann etwas, wenn der betrunkene Jugendliche von der Polizei aufgegriffen wird. Die Amtsleiterin sagt: »Aber auch wenn ich wüßte, daß Peter P. trinkt, hätte ich keine Ahnung, was ich mit dem Jungen konkret tun sollte. Das Gesundheitsamt ist nur für Erwachsene zuständig, und wir vom Jugendamt können bei der Überbelastung unserer Sozialarbeiter den Fall nur an die freien Verbände weitergeben. Die Welle des jugendlichen Alkoholmißbrauchs droht über uns zusammenzuschlagen.« Diese Welle scheint Kinder aus allen Familien, einfachen, guten und großbürgerlichen zu erfassen.

Unvorbereitet scheint man auch anderen Orts den starken »Marktver-

»16 Halbe sind am Freitagabend immer drin«.

schiebungen« im jugendlichen Drogengeschäft – weg vom Haschisch, hin zum Schnaps – gegenüberzustehen. Zwar bewies das Bundesministerium für Jugend, Familie und Gesundheit Weitblick, als es schon im Jahre 1972 prophezeite: »Der Rückgang des Drogenproblems wird mit an Sicherheit grenzender Wahrscheinlichkeit einen Anstieg des Jugendalkoholismus mit sich bringen.« Doch außer Absichtserklärungen ist bisher nicht viel geschehen, um die vorausgesehene Entwicklung zu beeinflussen.

Immerhin arbeitet der ständige Arbeitskreis der Drogenbeauftragten des Bundes und der Länder zur Zeit an einem Aktionsprogramm gegen den Alkoholmißbrauch, mit dessen Fertigstellung im nächsten Jahr zu rechnen ist. An konkreten Maßnahmen sind darin vorgesehen:

Entwicklung von Unterrichtseinheiten, die über die Funktion von Alkohol und dessen Wirkungsweise informieren;

verstärkte Öffentlichkeitsarbeit auch bei den jungen Ehepaaren, da erwiesen zu sein scheint, daß das Vorbildverhalten der Eltern die Trinkgewohnheiten der Kinder stark mitbeeinflußt;

stärkere Überwachung des bisher fast völlig unbeachteten § 3 des Jugendschutzgesetzes, der in weiten Teilen der Bundesrepublik nur rein deklamatorischen Wert besitzt;

Absprache mit der Alkoholindustrie über freiwillige Werbebeschränkungen.

Doch Skepsis scheint angebracht: Alkoholmißbrauch sitzt tiefer in unserer Gesellschaft als modischer Drogenkonsum. Außerdem ist der zunehmende Alkoholismus in der Bundesrepublik kein jugendspezifisches Problem. Die Jugend paßt sich hier nur einer allgemeinen Entwicklung an.

Werner Holzgreve, Leiter der Deutschen Hauptstelle gegen Suchtgefahren, versucht dies zu erklären: »Weil unsere Leistungsgesellschaft generell für süchtiges Verhalten immer anfälliger wird, hat der übermäßige Konsum von Alkohol Eingang in alle Altersgruppen und sozialen Schichten gefunden. Die Heilslehre vom problemlosen Dasein, die uns täglich von neuem durch die Werbung suggeriert wird, ist eine folgenschwere Täuschung und läßt denjenigen, dessen Welt nicht ohne Probleme ist – und wessen Welt ist das schon –, immer rascher und öfter zum künstlichen Stimulans greifen.«

Hinzu kommt, daß die vorgesehenen bundesweiten Maßnahmen gegen Alkoholmißbrauch nichts an der gesellschaftlichen Situation der Jugendlichen ändern, die der Pressesprecher des Bundesjugendministeriums, Geert Müller-Gerbes, nüchtern so beschreibt: »Die Abiturienten haben keine Garantie mehr auf einen Studienplatz. Die Realschüler können nicht mehr mit Selbstverständlichkeit die mittlere oder gehobene Laufbahn betreten, und die Hauptschüler werden aus Mangel an Lehrstellen in großer Zahl Hilfsarbeiter – wenn sie überhaupt einen Job bekommen.« Folge: Erwartungen können nicht erfüllt werden. Die Lücke zwischen den Zielsetzungen und dem Erreichbaren überbrückt dann oft der Klare am Tresen, der sich gegenüber den verbotenen Drogen durch dreierlei auszeichnet: Er ist billiger, überall zu haben und obendrein sozial akzeptiert.

Eine ganz ähnliche Rechnung machen auch die halbwüchsigen Sportfreunde in den Umziehkabinen der »Städtischen Kunsteisbahn Große Wallanlagen« in Hamburg auf. Der »Flachmann« kostet bei Helga am Kiosk direkt neben der Eisfläche nur ein paar Mark und das Bier 1,50. Zur Eröffnung der Laufsaison 1974/75 hat Uwe T., der 13jährige Sohn eines Bundesbahnbeamten, das Spezialgetränk »Fahrstuhl« mitgebracht. Die aus der heimischen Hausbar stammenden Martini, Rum und Rotwein hat er zu etwa gleichen Teilen in eine Colaflasche abgefüllt (»zur Tarnung«) und das Ganze mit einem guten Schuß hochprozentigen Schallplattenreinigungsmittels »Lenco Clean« angereichert – »das zieht dich runter – wie ein Fahrstuhl!«

Die von den Jugendlichen literweise mitgebrachten Getränke – meist Bier, billiger Weinbrand, Rum, Wermut oder Wein – werden zunächst in den Schließfächern der Kabinen versteckt gehalten, aber schon nach einer Stunde achtet keiner der 40 bis 50 Jugendlichen – kaum einer älter als 17 Jahre – auf die Aufsichtsbeamten in ihren knallroten Uniformen. Dann kreisen die Flaschen in der vom Zigarettenqualm vernebelten

Kabine. »Ich muß erst einen drin haben, bis ich auf dem Eis richtig in Form bin«, lallt Uwe T. und stürzt sich auf die Laufbahn in das Getümmel vor der Werbetafel, die, hell erleuchtet, die Schlittschuhläufer mahnt: »Schlichte – trinke ihn mäßig, aber regelmäßig«.

Dann ziehen die stark betrunkenen Jugendlichen ihre halsbrecherischen Figuren über das Eis: Die Unfallbilanz der Eisbahn verzeichnet nach Auskunft des Pächters, Albert-Rolf Pless, täglich acht, zum Teil schwere Verletzungen. »Da stürzt einer, der Hintermann kann nicht mehr ausweichen, und schon ist der Finger ab«, beschreibt ein Aufseher einen typischen Unfallverlauf. Trotzdem glaubt Pächter Pless, »daß die Jugendschutzbestimmungen bei uns strikt eingehalten werden, denn schließlich sind 80 Prozent unserer Gäste minderjährig – alle in einem sehr explosiven Alter – und da tragen wir schon eine ziemliche Verantwortung.«

Mit jungen Trinkern haben auch die Ärzte und Pfleger in der Hamburger Zentralambulanz für Alkohol-Opfer zu tun, im Volksmund »Cognac-Ranch« genannt. Jede zehnte Schnapsleiche, die hier mit meist erheblicher Alkoholvergiftung eingeliefert wird, ist jünger als 18 Jahre. Thomas B., 15, ist einer von ihnen. Er nahm an einem Schulfest teil, das nach Mitteilung der ›Hamburger Morgenpost‹ mit »Ausschreitungen, angetrunkenen Kindern und Jugendlichen und einem massiven Polizeieinsatz endete«. Die Feuerwehr bringt den besinnungslosen Jungen auf einer Bahre in den kahlen Ausnüchterungsraum der Ambulanz und kippt ihn auf eine Matratze auf dem Boden. Neben ihm schläft ein Mann, im eigenen Urin liegend, seinen Rausch aus. Eine Ärztin mißt mit ihrem Kollegen Blutdruck und Puls von Thomas B. Eine Pflegerin wischt das Erbrochene auf. Nach einer Weile beginnt Thomas zu winseln: »Wodka, Wodka ... ich sterbe, ich sterbe ...«

Thomas B. ist keine Ausnahmeerscheinung. Der Sohn eines Reedereikaufmanns trinkt (»weil das bei uns eben so ist«) auf privaten Parties und Popveranstaltungen, in seiner Stammkneipe oder in der Diskothek oder, wenn er eine Freistunde hat, auch mal im Schulgebäude.

Zu Hause gibt es gelegentlich einen Schluck beim Fernsehen. Mißt man sein Trinkverhalten (»ein- bis zweimal blau im Monat«) an einer Untersuchung über den ›Alkoholkonsum Hamburger Schüler‹, die der Senat jüngst veranlaßte, so fällt Thomas B. in die statistische Kategorie »Trinker«. Als »Trinker« wurden 25,4 Prozent aller Hamburger Schüler eingestuft, die angaben, in den letzten zwei Monaten ein- bis fünfmal betrunken gewesen zu sein. Drei Prozent, die »starken Trinker«, waren noch öfter betrunken. In Dortmund, Frankfurt oder München sieht es ähnlich aus.

Nach Ansicht von Walter Bärsch vom Schulamt der Hansestadt an der Elbe spielen vor allem folgende Motive beim immer stärker werdenden Alkoholkonsum der Jugend eine Rolle:

Man tut, was Erwachsene tun, und bei denen hat derjenige, der »viel vertragen« kann, ein hohes Sozialprestige (Statushandlung); man unterwirft sich dem Gruppenzwang und trinkt, weil es die anderen auch tun, und weil es – in Anlehnung an die Welt der Erwachsenen – zur Zeremonie vieler sozialer Situationen gehört (Konformitätshandlung); dann greift man zum alkoholischen Getränk, um einen unangenehmen Zustand zu vergessen, um Streß oder Angst zu verringern oder um die bewußte Auseinandersetzung mit Konflikten zu vermeiden, und oft genug kompensieren jung und alt die eigene Ohnmacht durch das im Alkoholrausch erlebte Machtgefühl und das Ausleben von Aggressionen.

Dem Reedereikaufmann B., der seinen fast ausgenüchterten Sohn morgens um zwei Uhr von der Zentralambulanz abholt, sind die Trinkmotive von Thomas »völlig schleierhaft«, denn »schließlich hat der Junge zu Hause doch alles, was er braucht. Es fehlt uns doch an nichts.« Zum Dramatisieren sieht der Geschäftsmann jedoch auch keinen Anlaß, da Thomas, nach seiner Ansicht, zum ersten Mal betrunken sei. »Alle Eltern behaupten so etwas«, sagt Krankenpfleger Karl Schulz, »wenn sie ihre Kinder bei uns abholen.«

Auch die Hamburger Polizei, geübt im Umgang mit betrunkenen Matrosen und Hafenarbeitern, beschäftigt der größer werdende Durst der jungen Generation nach Alkoholika. Wurden 1970 noch 70 Jugendliche in ange- oder betrunkenem Zustand in der Öffentlichkeit aufgegriffen, so waren es im vorigen Jahr schon 376. Bis Oktober dieses Jahres registrierten die Hamburger Behörden bereits 974 Fälle (Steigerung: 400 Prozent). Auffallend ist hier: Immer mehr Mädchen betrinken sich.

Und wie radikal mit dem Alkohol Hemmungen überwunden werden können, machen diese Zahlen deutlich: Bei den 270 Gewalttätigkeiten, die in Hamburg bisher 1974 in öffentlichen Verkehrsmitteln begangen wurden, war in 95 Prozent der Fälle Alkohol im Spiel. Bei Straßenraub liegt die Quote bei 80 Prozent.

Die Verhältnisse in den Jugendgefängnissen der Bundesrepublik bestätigen die Hamburger Statistik: Die überwiegende Mehrheit der Jugendlichen (Schätzung: 60 bis 80 Prozent), die wegen Diebstahlvergehen oder Gewaltverbrechen hinter Gittern sitzen, hatte vor der Ausübung der Tat Alkohol getrunken.

Karl W., 16 Jahre alt, ist seit sechs Monaten Häftling in der Justizvollzugsanstalt für Jugendliche in Henne bei Iserlohn. Er wachte im Dezember 1973 »mit so einem komischen Gefühl im Magen« auf. Zwar dröhnte sein Kopf vor Schmerzen, aber davon nahm der Kfz-Mechaniker-Lehrling aus Dortmund keine besondere Notiz, »weil man sich mit der Zeit an den Koppschuß nach der Sauferei gewöhnt«. Beklemmender war der Alpdruck in der Magengegend, von dessen Ursache der Junge erst etwas zu ahnen begann, als er seinen blutbespritzten Pullover vor dem Waschbecken entdeckte.

Karl W. hatte sich am Abend vorher in einer Kneipe »vollaufen lassen, bis mir der Film gerissen ist«. Auf dem Heimweg, so berichteten Zeugen, traf er einen ihm unbekannten Finanzbeamten, den er zunächst um Feuer bat. Als dieser aber weiterging, nahm Karl W. einen Stein, verfolgte den Beamten und schlug ihn mit mehreren Hieben zu Boden. An den Folgen eines Schädelbasisbruchs starb der Mann noch auf dem Weg ins Krankenhaus.

Karl W. weiß von alldem nichts. Sein »Blackout« hält bis heute an: Untersuchungen ergaben, daß er zur Tatzeit etwa 3,2 Promille Alkohol im Blut gehabt haben mußte. »Ich hab' die Anklageschrift gelesen wie einen Roman«, sagt er. Das Gericht verurteilte ihn, »unter Zubilligung seiner erheblich verminderten Zurechnungsfähigkeit« zu sechs Jahren Haft. »Wenn ich Glück habe, dann komm' ich noch vor 1980 raus«, sagt der ruhig, fast besonnen wirkende Junge, der in seiner Freizeit gerne »schöne Landschaften« malt. Seine Gestik ist verhalten, seine Stimme sanft.

Außer dem frühen Tod seiner Mutter weist seine Lebensgeschichte kaum Besonderheiten auf. Das Verhältnis zum Vater (Beruf: Maschinenschlosser) und zur Stiefmutter bezeichnet er als normal, seine schulischen Leistungen waren immer »guter Durchschnitt«. Wenige Monate nach dem Zeitpunkt der Straftat wollte er seine Lehre beenden.

Betrunken war Karl W. zum ersten Mal nach einem Heimspielsieg von Borussia Dortmund vor vier Jahren. Und feste getrunken wurde auch nach dem Training seines Handballvereins, in dem er aktives Mitglied war. Nach einem Unfall mußte er mehrere Monate mit dem Handballspiel aussetzen, doch auch in dieser Zeit »wurde geschluckt wie zuvor«. Nach der Zwangspause fand Karl W. seine alte Form nicht wieder und verließ bald den Verein. »Es dauerte nicht lange, da war der Kontakt zu meinen Sportkameraden futsch und ich stand da.« An der Theke hat er dann, wenn er »flüssig« war, Leute zum Trinken eingeladen, »da haste für einen Abend wieder Freunde«.

Zu seiner Tat kann er »direkt nichts sagen«. »Wenn ich nüchtern gewesen wär«, sagt er, »dann könnte ich das Ganze sicher nur schwer verdauen; aber ich war ja blau. Ich sag immer: Das warst nicht du, das war ein anderer.« Nach seiner Strafzeit will er ein neues Leben beginnen, »und zwar ohne einen Tropfen Bier.«

Ganz anders sehen die Pläne seines Zellennachbarn Stefan G. aus. »Wenn ich hier rauskomm', dann geht es erstmal in die nächste Pinte und dann rein mit dem Stoff, bis er mir aus den Ohren wieder rauskommt.« Der 15 Jahre alte Stefan stammt – wie viele hier im Knast von Henne – aus einer Trinkerfamilie. Zwei ältere Brüder waren schon mehrmals in einem Entziehungsheim. Der Vater starb an Leberzirrhose. Stefan hat seine Zelle mit der farbigen Scheinwelt der Bravo-Poster und Illustrierten-Nackedeis fast völlig zutapeziert, und auch sein Körper ist von bunten Tätowierungen übersät: ein Schiff in vollen Segeln auf der muskulösen Brust, ein nacktes Mädchen auf einem Oberarm, darunter eine Flasche mit der Aufschrift »Rum«, und auf den Fingern der linken Hand steht je ein Buchstabe des Wortes L-o-v-e. »Alles meine Ideale«, erklärt der junge Häftling.

Auch nach acht Monaten Haft, die er wegen mehrerer Diebstähle, Fahren ohne Führerschein, Trunkenheit am Steuer und einigen Körperverletzungen absitzen muß, bekommt Stefan G. jedes Mal einen trockenen Mund, wenn er Post von ehemaligen Mitgefangenen erhält. »Hallo Stefan«, heißt es da auf einer Ansichtskarte mit einem Motiv aus der Düsseldorfer Altstadt, »ich bin schon ganz schön blau. Bier und Asbach schmecken gut. Trinke einen für dich mit. Hau rein – Theo.«

Alkohol ist neben Sex das Thema Nummer eins im Strafvollzug. Anstaltsleiter Kretschmer gesteht, daß auch im Gefängnis heimlich getrunken wird. »Die Anstalt möchte ich sehen, wo das nicht der Fall ist.« Die Jugendlichen lassen sich Getränke einschmuggeln oder sie horten mehrere Wochen Obst und Brot, schneiden es dann in kleine Stücke und lassen das Ganze sechs Wochen in einem Eimer mit drei bis vier Liter Wasser zu einem hochprozentigen »Aufgesetzten« gären. Schon nach 14 Tagen bildet sich eine aschfahle Schimmelschicht über der trüben Flüssigkeit. Die Gefahr, daß giftiger Methylalkohol entsteht, der zum Erblinden führen kann, schreckt hier kaum. »Das nehme ich gerne in Kauf«, versichert ein Häftling, »für ein paar Stunden Freiheit.«

Der Traum von Freiheit ist auch Zentralbegriff jenes Teils der Alkoholwerbung, der sich immer genauer auf den neuen Konsumentenkreis »Jugend« einschießt: »Irgendwann wirst Du stark genug sein für den Whisky, und dann wirst Du den Whisky lieben«, oder »Ich, Hans Stuck, trinke Jägermeister, weil wie die Alten sungen . . . so zwitschern ihn die Jungen« – jugendspezifische Slogans der umsatzstarken (1973: 30 Milliarden Mark, dreimal soviel wie VW) Alkoholindustrie. Dazu der Pressesprecher des Bundesministeriums für Jugend, Familie und Gesundheit, Geert Müller-Gerbes: »Die Werbung, so wird gesagt, schaffe keine Alkoholiker, sie verteile lediglich Marktanteil. Zwar geben die Leute von der Alkoholbranche zu, daß man vom Schnaps auch kaputtgehen kann, aber dies gelte doch nur für eine verschwindend geringe Minderheit. Man könne doch auch nicht gleich die Autobahnen sperren, nur weil es täglich Tote im Straßenverkehr gebe.«

Sozialpädagogen und Psychologen halten es hingegen für wahrscheinlich, daß die auf junge Menschen zielende Alkoholwerbung gerade für alle diejenigen Jugendlichen gefährlich ist, die sich zum ersten Mal fragen, ob sie Alkohol trinken sollen, um auf diese Weise erwachsener, moderner, freier oder weltoffener zu wirken. Konsequenz: Durch massive Gegenwerbung müssen negative Einstellungen zum Alkohol und positive Alternativen entwickelt werden, um dem Statussymbol Alkohol seine Attraktivität zu nehmen.

Ebenso müßten Therapieformen gefunden werden, die geeignet sind, bereits die Formen des frühen Alkoholmißbrauchs abzubauen, fordern die Experten. Obwohl bei den Zwölf- bis Sechzehnjährigen in den meisten Fällen noch keine körperliche Abhängigkeit besteht – die Voraussetzungen für eine Therapie also günstig wären –, gibt es für die Jugendlichen, die erst am Anfang ihrer Trinkerkarriere stehen, noch keine angemessenen Behandlungsmethoden. »Erst wenn das Kind in den Brunnen gefallen ist, können wir etwas tun«, sagt eine Psychologin der Universitätsklinik Münster.

Kliniken, Heilanstalten und Gesundheitsämter sind immer noch ausschließlich auf die Erwachsenenbetreuung eingerichtet. Eine der wenigen Ausnahmen ist die Jugendfachklinik für suchtkranke Alkoholiker im pfälzischen Kirchheimbolanden, die aber auch nur Jugendliche im Alter zwischen 17 und 25 aufnimmt. 120 Betten stehen dort einem vielfachen Bedarf gegenüber.

Erst langsam beginnen nun auch die Drogenberatungsstellen der freien Wohlfahrtsverbände ihre Erfahrungen aus dem illegalen Drogenbereich auf die Beratung alkoholgefährdeter Jugendlicher zu übertragen. Helfer suchen von sich aus den Kontakt zu den Betroffenen, gehen an die Brennpunkte des jugendlichen Alkoholmißbrauchs: in die Trabantenstädte, die vielfach über keine »jugendgerechten« Freizeitanlagen verfügen, in die Schülerkneipen und Fußballstadien, wo seit neuestem nun auch einige Teams die Schnapswerbung auf dem Trikot tragen, auf Popmusik-Festivals und, besonders in kleinstädtischen und ländlichen Bereichen, auf Kirmes- und Schützenfeste.

»Wir Erwachsenen müssen endlich aufhören, einen Glaubenskrieg gegen Hasch und LSD zu führen«, sagt die Psychologin aus Münster, »das ist Heuchelei, wenn wir gleichzeitig darauf achten, daß die Hausbar immer gefüllt ist.«

»Betteln ist schwerer als arbeiten« (August 1975)

Er nennt sich Gustav, ist »um die 45 rum« und »seit Dien Bien Phu auf der Rolle«. In einem grau-schwarzen Mantel hockt er in brütender Hitze vor dem Franziskaner-Kloster in Paderborn, den linken Unterschenkel in einem Luftschacht versteckt, eine Zigarrenkiste mit ein paar Groschen vor sich. Er macht »Stichmaloche«, er bettelt. Ab und zu wirft jemand Kleingeld in den Kasten. Meist sind es Gastarbeiter, denn »Deutsche geben nur zur Weihnachtszeit«, sagt Gustav, der Penner.

Nach knapp drei Stunden hat er drei Mark achtzig für eine »Bombe« Rotwein zusammen. »Ich brauch das Zeug, damit ich schlafen kann ohne zu träumen«, sagt er, »denn Träume sind furchtbar.«

Der gebürtige Erzgebirgler ist in einem Waisenhaus in Zwickau groß geworden, nach dem Krieg wurde er »vom Russen ins Zinnbergwerk gesteckt«. 1948 packte ihn die Abenteuerlust. Er ging in den Westen und meldete sich bei der Fremdenlegion. Die Stationen der folgenden Jahre lassen sich eintätowiert auf seinen Unterarmen nachlesen: »Algier, Saigon, Battambang, Hanoi, Dien Bien Phu.« Mit einem Steckschuß im Oberschenkel kam Gustav 1955 »heim ins Reich« und »seitdem nicht mehr zur Ruhe«.

Jedes Jahr zieht der kleine drahtige Mann sechs- bis achtmal kreuz und quer durch die Republik, zu Fuß, per Anhalter und gelegentlich mit dem Zug und einer »Bahnbenutzungsgenehmigung« des Sozialamtes, immer unterwegs von einem der 700 Übernachtungsheime und Herbergen (»Pennen«) zur nächsten, immer auf der Suche »nach was Weichem unterm Arsch und was Warmem im Bauch«.

Vierzehn Tage waren wir mit Männern wie Gustav »auf der Walze«: Als Penner verkleidet, das Nötigste in ein paar Plastiktüten verstaut, zogen wir mit den Tippel- und Wermutbrüdern, den »Berbern«, wie sie sich selber nennen, »Nichtseßhaften« also, über die Straßen.

Victor, die »Ratte«, aus Köln treffen wir, als er mit einer alten Einkaufstasche um ein Uhr morgens Papierkörbe nach Lebensmitteln und Zigarettenkippen durchwühlt. Von den Abfällen der Kölner lebt Victor »seit ich das letzte Mal aus dem Knast bin«, das ist, sagt er, nun schon vier Jahre lang. Damals mußte er wegen wiederholten Kaufhausdiebstahls und Körperverletzung ins Gefängnis.

Auf der Mülldeponie des Kaufhofs findet er eine Kiste angegorener Sahnejoghurts, und aus den Abfalleimern italienischer Restaurants klaubt er trockene Pizzaränder, die mit Wasser eingeweicht jenen Brei ergeben, der Victor bei Kräften hält.

Victor haust mit drei anderen Berbern in einer abbruchreifen Fabrik in der Nähe des Rheins. Wenn die Polizei von der »Platte«, seinem

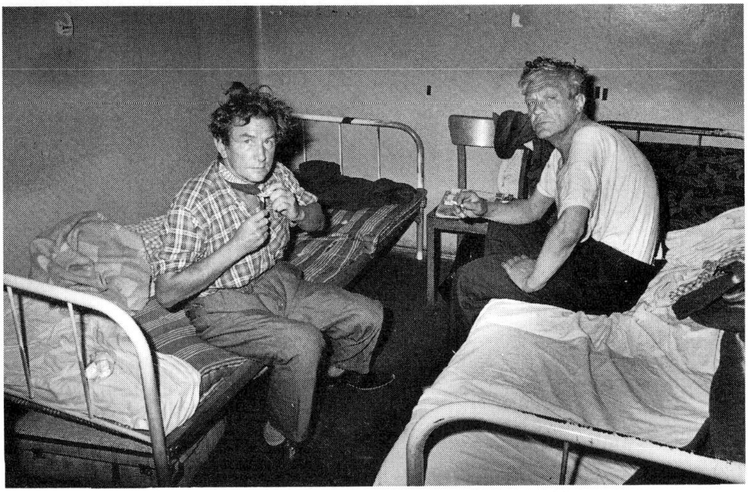

Übernachtungsheim Dortmund Steinstraße. Ehemaliges Gefängnis aus der Nazizeit.

Nachtquartier, Wind bekommt, zieht er um: in die nächste Ruine, in den nächsten Rohbau. Im Gegensatz zum Landstreicher Gustav, der ohne die Almosen der Nichtseßhaftenhilfe – in den Sozialämtern, Herbergen und Bahnhofsmissionen – nicht leben könnte, betont Victor seine scheinbare Unabhängigkeit: »Mir wird nix geschenkt. Betteln hab ich bis oben. Das hab ich mit meinen zwölf Geschwistern getan, um von der Mutter mehr Speck und vom Vater weniger Prügel zu kriegen. Gebettelt hab ich beim Chef, auf'm Bau, um nicht rauszufliegen, dann im Sozi (Sozialamt) wegen der paar Mark Unterstützung und schließlich beim Pfaffen um einen Teller Suppe. Es hat bei mir eine Weile gedauert, bis ich kapiert hab, daß wer unten ist, im Keller bleibt. Jetzt hab ich zwar nix Bares in der Kralle, aber ich bin selbständig. Und wer mir krumm kommt, der kriegt einen drauf!«

Nach vierzehn Tagen Walze verstehen wir Victor. In unseren schäbigen Klamotten werden wir auf der Straße mißtrauisch betrachtet. Als wir, unrasiert und demütig, nach dem Übernachtungsheim fragen, wettert ein älterer Mann in Celle mit erhobenem Regenschirm: »Euch sollte man in die Gaskammer stecken, statt auf Staatskosten zu verpflegen.«

Von freier Kost und Logis ist in der Celler »Herberge zur Heimat« nicht die Rede: »Wenn ihr hier pennen wollt, dann will ich Bargeld sehen«, sagt Herbergsvater und Diakon Herbert Außner, 63, gleich bei der Ankunft. »Die Übernachtung kostet 1,30, die Flasche Bier 1,10.«

Da über die Hälfte der Nichtseßhaften Alkoholiker ist, gehört die »Penne« in Celle nach Auskunft der lokalen Schilling-Brauerei »zu unseren besten Kunden«. Tag und Nacht läßt der Diakon das Bier von den vier Kalfaktoren im Drei-Schichten-Dienst unter die Leute bringen. Bis zu 1000 Kisten »Meister-Pils« werden hier nach den Angaben der Hausgehilfen im Monat umgesetzt. Gewinnspanne pro Kiste: 9,60 Mark. Die Folge: nächtliche Schlägereien, Schnapsleichen in den verdreckten Schlafräumen und Gestank. Damit die Kasse stimmt, vermittelt Herbergsvater Außner (Spitzname »Sklavenhändler«) Gelegenheitsarbeiten an seine Gäste. »Knochenmaloche, für fünf oder sechs Mark die Stunde ohne Unfallschutz und Krankenversicherung«, wie mein Bettnachbar Paulemann sagt. Wegen Paulemann kann ich in Celle kaum schlafen; er schreckt mehrmals in der Nacht auf und brüllt im Traum um Hilfe. Die anderen Berber behaupten, die zwei Jahre als Wachmann in Treblinka säßen ihm noch heute in den Gliedern.

Superintendent Karl Manzke, 46, Vorstandsmitglied des Vereins Herberge zur Heimat in Celle, verteidigt den Alkoholausschank an die Penner: »Die Leute werden doch derartig diskriminiert, daß keine andere Freizeitgestaltung möglich ist.« Was die Berber nicht wissen: Sie trinken für eine gute Sache, denn »jeder Pfennig, der in der Herberge erwirtschaftet wird, wandert in die Finanzierung des neuen therapeutischen Heims«.

Was in Celle erst für das Jahr 1977 geplant ist – eine therapeutische Herberge –, das soll es im »Perthes-Haus« in Hamm schon seit Jahren geben: ein Heim, in dem »in einer differenzierten arbeitstherapeutischen Wiedereingliederungswerkstatt echte Resozialisierung betrieben wird«. Im Gegensatz zur Herberge in Celle, wo neben 50 Nichtseßhaften auch noch 50 Rentner unter einem Dach hausen, wird in Hamm streng getrennt: Auffangstation für Neuankömmlinge; Übergangsabteilung für diejenigen, die sich in arbeitstherapeutischer Behandlung befinden: Wohnheim für Männer mit fester Arbeit und Altenheim.

Und streng sind hier auch die Sitten: Nach der knappen und korrekten Aufnahme: »Dein Ausweis? Woher? Wohin?« (an das Geduztwerden haben wir uns schnell gewöhnt) führt uns der Kalfaktor in den Keller zum »Abbienen«. Wir müssen uns bis auf die Hose ausziehen und die Innenflächen von Hemd und Unterhemd nach außen krempeln. Dann fährt der Hausgehilfe mit einer Lampe dicht über die neuralgischen Zonen: Achselbereich und Kragen. Doch es rührt sich nichts – wir haben noch immer keine Läuse. Anschließend geht es unter die Dusche. Unsere Zimmer liegen gleich neben dem Duschraum. Fließend Wasser auch hier: die Wände herunter. 16 Personen teilen sich hier drei kleine naßfeuchte Räume. Aber: Es gibt frisches Bettzeug.

Im Perthes-Haus wird Ordnung großgeschrieben: Bier, in Celle unser täglich Brot, ist »strengstens verboten«. Ebenso »rauchen auf den Zimmern«. Wer das Haus verlassen will, muß »Abgang« und »Rückkehr« beim Pförtner minutengenau zu Protokoll geben. Besuch – nur nach ausdrücklicher Genehmigung der Leitung.

Es ist 18 Uhr. Ein Gong ertönt. »Essenfassen!« Im Speisesaal stehen etwa 70 Penner um die Tische herum. Auf das Kommando »setzen« fällt der Saal wie ein Mann auf die Stühle. Nach sieben Minuten ist die Graupensuppe verschlungen, sind die Margarinebrote hinuntergewürgt. Gebetet wird heute nicht.

Der Mann, der beim Essen den Takt angibt, ist Klaus Dieter Hartmann, zuständig für die Arbeitstherapie in den Werkstätten. Ich frage Hartmann, ob ich hier arbeiten könne, da ich genug hätte von der Tippelei. Die Zigarre zwischen den Zähnen, antwortet er mir: »Wenn du hier was tun willst, dann stecken wir dich erst mal sechs Wochen in die Klammern, damit wir wissen, was für ein Windei du bist.«

Gert aus Dortmund, Mitte 30, schon seit sechs Monaten ohne Gelegenheitsarbeit und seit der Scheidung vor neun Jahren »auf der Flucht vor mir selber«, schildert die Folgen, die das Zusammensetzen der Wäscheklammern, einer typischen Herbergsbeschäftigung, hat: »Nach drei Stunden bluten dir die Fingerspitzen, nach drei Wochen spürste nix mehr, dann ist dat Gefühl raus.« Geklammert wird im Akkord, für 1000 Klammern gibt es eine Mark. Spitzenverdiener bringen es auf 2,60 Mark am Tag. »Wenne dat vier Wochen mitgemacht hast, dann weißte, warum ich froh bin, schon morgen wieder die verdammte Landstraße unter den Schuhsohlen zu spüren.«

Am nächsten Morgen verlassen wir mit Gert die Herberge und trampen und tippeln ein paar Tage gemeinsam durch die »Pennerszene« Niedersachsens und Nordrhein-Westfalens.

In der Arbeiterkolonie Wilhelmsdorf bei Bethel schlafen wir zu acht wie die Heringe in muffigen Duschkabinen, jeder den Kopf über einem Abflußloch.

Im städtischen Übernachtungsheim in der Dortmunder Steinstraße, einem ehemaligen Gefängnis aus der Nazizeit, hat jeder eine Zelle. »Einzelhaft kriegen sonst eigentlich nur Stammkunden«, sagt Gert und wundert sich.

Und im Übernachtungsheim des DRK in Gütersloh scheucht uns Heimleiter Rudolf Krebs, 60, volltrunken aus den Betten und durchsucht das Gepäck von »euch versoffenen Arschlöchern« nach Alkoholika. Kein Berber muckt auf. »Der kann sich dat erlauben«, sagt Gert, »der ist ein normaler Mensch.«

Ähnliche Erfahrungen mit den »normalen Menschen« machen wir jeden Tag. In Paderborn sprechen wir beim Pfarrer der Markt-Kirche, Wilhelm Jürgens, vor, und Gert läßt seine Platte laufen: »Wir sind auf der Durchreise und bitten um eine kleine Unterstützung.« Der Pfarrer antwortet durch den Türspalt: »Für mich seid ihr gottserbärmliche Schufte.«

Gert erlebt solche Demütigungen häufig. Er sagt, daß »betteln schwerer ist als arbeiten, besonders heute, wo durch die Krise die Konkurrenz immer stärker wird, alle sparen müssen und die Jugend nach vorn drängt«. Gert muß sich daher nach neuen Geldquellen umsehen. Er fährt zum Beispiel alle zwei Monate nach Köln, wo selbst Personen ohne festen Wohnsitz Blut spenden dürfen. Jeden Mittwoch ist hier »Bertertag«. Bis zu 300 Tippelbrüder stehen dann morgens um 6 Uhr vor der »Abteilung für Transfusionswesen« Schlange, um für »400 Kubik Berberblut 40 Deutsche« zu kassieren. Dr. Doris Schulten, Ärztin der Klinik: »Wir sind auf die Nichtseßhaften angewiesen.«

Gert hat sein Überleben auf der Straße organisiert. Weil man in den meisten Heimen nur noch alle sechs bis zwölf Monate übernachten darf – es sei denn, man arbeitet für ein bis zwei Mark pro Tag –, trägt er in sein Notizbuch genau ein, wann er wo war und wann er wiederkommen kann: »Dienstag: Koblenz, Mittwoch: Bonn, Donnerstag: Düsseldorf.« Gert nennt das »Sozialtourismus«.

Mit dem Märchen vom Romantiker der Landstraße, der frei und sorglos unter der schattigen Birke liegt, die Feldblume zwischen den Lippen, hat sein Leben nichts zu tun. »Solche Typen sind die ganz große Ausnahme. Die meisten von uns wollen nicht auf die Straße, sie müssen – weil sie vor sich selbst und den anderen auf der Flucht sind. Deshalb sind die meisten Berber auch Einzelgänger, die keinem trauen.«

Über die Ursachen dieser Flucht tappt Gert ebenso im dunkeln wie die zuständigen Wissenschaftler. Selbst in der Randgruppenforschung wurden die Penner bisher benachteiligt. In den Ausbildungslehrplänen der Sozialarbeiter rangiert die »Nichtseßhaftenhilfe« meist ganz unten. Trinkerheilanstalten und psychiatrische Heilstätten können den Tippelbrüdern nicht helfen, weil es keine angemessenen Therapien gibt. Erst in jüngster Zeit bemühen sich verschiedene Forschungsgruppen, Versäumtes nachzuholen. Die Bundeszentrale für Nichtseßhaftenhilfe in Bethel betreibt mit Bundesmitteln ein Forschungsprogramm, um der Genese des Problems auf die Spur zu kommen.

Da überregionale Daten bisher fehlten, wurden zunächst in einer bundesweiten Erkundungsstudie 520 Nichtseßhafte in eigener Sache befragt. Ergebnis: Die überwiegende Mehrheit der Befragten (83,9 Prozent) gehört der Unterschicht an, ist ledig (57,9 Prozent) oder geschieden (32,6 Prozent) und war nach eigener Aussage mindestens schon einmal straffällig geworden (70,5 Prozent). Fast jeder dritte (32,5 Prozent) ist in den ehemaligen deutschen Ostgebieten geboren (Bundesdurchschnitt 1970: 16,5 Prozent). In Nervenkliniken waren 15 Prozent.

Da ein weit größerer Anteil der Bevölkerung ähnliche sozialökonomische Bedingungen wie Scheidung, Flucht oder Vorstrafen kennt, ohne nichtseßhaft zu werden, ist ein kausales Verhältnis zwischen den biographischen Daten als Ursache und der Lebensform als Wirkung kaum zu vertreten. Dr. Johannes Wickert, 31, Projektleiter der Nichtseßhaftenforschung am Psychologischen Institut der Tübinger Uni, glaubt, »daß zu den Umwelteinflüssen bestimmte psychische Konstitutionen kommen, die einander wechselseitig bedingen«. Psychologische Untersuchungen mit den Nichtseßhaften haben ergeben, daß Situationen, die einen gewissen Grad von Verbindlichkeit bekommen, von den Berbern als unerträglich empfunden werden. »Zwar wird die Bindung an etwas oder jemanden oft von dieser Personengruppe als wichtigstes Ziel genannt«, so Wickert, »doch wenn das Gewünschte konkret wird, scheint es Anlaß zur Angst und Flucht zu sein.«

Zu dem auffälligsten statistischen Merkmal der Tippelbrüder gehört, daß sie keine »Schwestern« haben. Nur drei bis fünf Prozent aller Nichtseßhaften sind Frauen. Geraten Frauen in jene Situationen, welche die Männer auf die Landstraße treiben, landen sie oft auf dem Strich. Deshalb leben auch die wenigen weiblichen Nichtseßhaften meist in den Städten.

Penner Victor aus Köln lebt seit Jahren von dem, was in Papierkörben und Müllhalden zu finden ist, deshalb wird er »Ratte« genannt. Zur Zeit haust er in einer Ruine am Rhein, bis die Polizei ihn aus seiner »Platte«, seinem Nachtquartier, vertreibt.

In Düsseldorf, wo bei der Polizei 4000 Stadtstreicher registriert sind, treffen wir Marie – klein, krummbucklig, mit struppiggrauem Haar und fettbeschlagener Brille. Sie ist 53, sieht aus wie 75 und sitzt seit drei Wochen auf einer Bank im Schwanenmarkt, einem Park vor dem Landtagsgebäude. Nachts zieht sie den Mantel über den Kopf, tagsüber trinkt sie. Aufstehen kann sie nicht mehr. Ein Dutzend Berber versorgt Marie mit dem Nötigsten: »Komm, Oma, kipp dir noch einen!«

Die interne Fürsorge klappt, bis der Kreislauf der Frau zusammenbricht. Das dauert mal drei, mal sechs Wochen. An diesem Abend ist es soweit. Marie fällt vornüber und starrt regungslos in die Bäume. Wir alarmieren das Rote Kreuz. Dr. Winfried Dreßler, Stationsarzt im Theresienhospital, zuckt bei ihrer Ankunft mit den Achseln. »Die Frau ist bei uns schon Stammkunde, und dabei ist sie hier völlig fehl am Platz. Sie müßte in ein Pflegeheim.« Doch dort gibt es endlose Wartelisten.

Auch das Sozialamt, nach Paragraph 17 BSHG (Bundessozialhilfe-Gesetz) verpflichtet, Marie eine Bleibe »auf Dauer« zu verschaffen, ist ratlos. »Solche Fälle haben wir hier zu Hunderten«, sagt Sozialarbeiter Achim Ziesel, 40, »das Problem stinkt zum Himmel, und keiner tut etwas.«

Aktiv werden nur die Düsseldorfer Stadtverordneten. »Law and Order« heißt hier die Devise, nachdem der Bundestag den Landstreicherparagraphen 316 StGB gestrichen hat. Ähnlich wie ihre Kollegen in Köln oder Stuttgart überlegen sie, wie die Clochards per Polizeiverordnung aus der Stadt zu vertreiben seien.

Wenn sich Marie nach ein paar Tagen im Theresienhospital einigermaßen erholt hat, dann läßt man sie wieder laufen. Bis zum Schwanenmarkt schaffen es ihre schwachen Beine gewöhnlich, und nach etwa vier Wochen geht dann alles wieder von vorne los.

Da bleibt nur noch der Strick (Oktober 1975)

Über Hunderttausend sind länger als ein Jahr arbeitslos. Wie werden die arbeitsamen Deutschen damit fertig?

Seit dem 18. Oktober 1973 läßt sich der Arbeiter Alois K. aus Schwarzenholz bei Saarlouis kaum noch blicken: Er besucht nicht mehr die Spiele des Tabellenführers »F. V. Schwarzenholz 1929« auf dem holprigen Fußballplatz, er meidet den Skatabend im »Ratskeller«, und wenn er etwas in der Kreisstadt zu erledigen hat, dann radelt er nicht wie früher über die Hauptstraße des 3000-Seelen-Dorfes, sondern benutzt Feldwege.

Am Anfang konnte es der Familienvater sogar vor seinen drei Kindern vertuschen, mit der Zeit witterten dann selbst die Nachbarn Verdacht, und inzwischen weiß das ganze Dorf von der »Schmach«: Alois K. hat seit dem 18. Oktober 1973 keine Arbeit – Alois K. ist ein Dauerarbeitsloser.

»Einer wo will arbeite, der find' doch auch«, bekommt Maria, die 41jährige Ehefrau von K. immer wieder beim Einkaufen zu hören, »und wer schon zwei Jahr kei Arbeit hat, der muß doch a Faulenzer sei.«

»Selbst alte Freunde falle heut über ein her mit Strumpf und Schuh«, sagt Alois K. und starrt auf seine schwieligen Hände. Sie sehen aus, als hätten sie den Vorschlaghammer erst gestern zur Seite gelegt. Fünfzehn Jahre hat Alois K., heute 47, als Hauer und Gedingeschlepper im Saarbergbau geschuftet, und als seine Zeche Ende der fünfziger Jahre dichtmachte, fand er mit seiner Staublunge in der holzverarbeitenden Industrie ein Unterkommen. Im Boomjahr 1971 lockten ihn dann die Ford-Werke mit dem Angebot eines »krisenfesten Arbeitsplatzes« an das Fließband ihres neuen Zweigwerkes in Saarlouis. »Auf Deubel und Press haben wir rund um die Uhr geschafft, jede Minute ein Wagen, und als der Markt voll war, sind mir gefloge.« Alois K. fiel einem gebräuchlichen Kündigungsprinzip zum Opfer: Wer zuletzt kommt, fliegt als erster; ein neuer Arbeitsplatz erscheint ihm als Traum, denn wer 47 ist wie K., wird heute von der Wirtschaft zum alten Eisen geworfen.

Bis zu 1200 Mark netto (da waren viele Überstunden dabei) hatte Alois K. früher verdient. Im ersten Jahr seiner Arbeitslosigkeit erhielt er 68 Prozent seines Tariflohnes, gerade 700 Mark Arbeitslosengeld. Das reichte für die fünfköpfige Familie so einigermaßen, zumal sie im selbstgebauten Haus keine Miete zahlen muß. »Doch dann kam der Hammer«, dann kam die »Alhi«: Der Direktor des Arbeitsamtes Saarlouis teilte K. im September 1974 mit, daß »der Anspruch auf die Ihnen zuerkannte Leistung in Kürze erschöpft ist« und »die Gewährung von

Arbeitslosenhilfe (»Alhi«) – 58 Prozent des Nettogehalts – von der Bedürftigkeit abhängt«.

Und wie bedürftig der ehemalige Ford-Arbeiter ist, hängt vor allem von seinen Kindern ab. Denn der Lohn von Sohn Leo, 18, Lehrling in einem Eisengroßhandel (350 Mark im Monat), und der 16jährigen Tochter Marlies, die als Hauswirtschaftsgehilfin 120 Mark verdient, wird dem Vater zum Teil vom »Alhi« abgezogen. »Immer wenn die Kinder mehr Lohn nach Hause bringen, kratzen die mir das wieder vom Brot«, sagt Alois K. Zuerst bekam er 111, dann 82, und nun sind es nur noch 73 Mark in der Woche. Mutter Maria kauft jetzt beim Metzger nur noch das, was sonst von Gastarbeitern verlangt wird: Bauchfleisch, Pansen oder Haxen. »Wir Arbeiter«, sagt sie, »müssen uns ebe bescheide.«

Den Zwang zur finanziellen Einschränkung spüren in dieser Zeit nicht nur Arbeiter: Curt B., 46, aus einem Ort bei Frankfurt war noch vor 13 Monaten Herr über 1400 Bauarbeiter. Dann ging die Firma pleite und der Personalchef stempeln. Aus 4050 Mark Gehalt wurden 1385 Mark Arbeitslosengeld; der höchste Satz, den das Arbeitsamt zahlt. Seit dem 1. Oktober, dem Jahrestag seiner Entlassung, bekommt B. »Alhi«: Nur noch einen Bruchteil dessen, weil das Einkommen seiner Frau, die für 1100 Mark netto in der Textilbranche arbeitet, auf seine Unterstützung angerechnet wird.

Curt B. weiß jetzt nicht mehr, wovon er die Miete (500 Mark), seine Lebensversicherung (250 Mark), Telephon und das tägliche Brot bezahlen soll, »zumal wir uns an einen gewissen Standard gewöhnt hatten«. Der Nobeltabak »Dunhill« wurde bereits vom Billigverschnitt »Schwarzer Krauser« abgelöst, das Telephon wird nur noch benutzt, wenn es klingelt (»man lernt wieder, daß Schreiben preiswerter ist«), und jegliches gesellschaftliche Leben ist praktisch tot: »Früher hatte man kaum Zeit, auf die wichtigsten Cocktails und Partys zu gehen – heute, nach dem Absturz, kommen kaum noch Einladungen, und man freut sich schon über einen unverbindlichen Geburtstagsgruß.«

Seit einem Jahr fährt Curt B. jeden Samstagmorgen mit seinem Fahrrad (»da spare ich das Zuggeld«) die 40 Kilometer in drei bis vier Stunden nach Frankfurt und kauft sich am Bahnhofskiosk alle großen deutschen Zeitungen. Drei Tage studiert er dann die Stellenanzeigen. Bisher hat er 100 Bewerbungen mit seinem vorbildlichen Lebenslauf und seinen hervorragenden Zeugnissen verschickt. Die Antworten gleichen sich meist aufs Wort: »Bei der Vielzahl der eingegangenen Bewerbungen konnten wir Sie trotz Ihrer Fähigkeiten leider nicht berücksichtigen.«

»Dieses Dauerfeuer der Mißerfolgserlebnisse hat mich fertiggemacht«, gesteht Curt B., dem erst vor wenigen Jahren ein psychologisches Gutachten des »Instituts für Führungskräfte« in Köln attestierte:

»Sorgen und psychische Belastungen können Sie leicht abschütteln. Keine Tendenz zu Depressionen. Streßfähig!«

Heute grübelt Curt B., »ob ich denn überhaupt noch was wert bin, bei meinem Alter« und »ob ich nicht besser – Karriere hin, Karriere her – als popliger Sachbearbeiter ganz kleine Brötchen backen sollte«. Seine Frau macht bei solchen Worten ihres Mannes ein sorgenvolles Gesicht – »er hat sich so verändert!«

Ob längere Arbeitslosigkeit zu körperlichen oder seelischen Veränderungen führen kann, darüber wissen bundesdeutsche Wissenschaftler zur Zeit kaum Präzises zu berichten. »Wir befinden uns da noch im Stadium der Spekulation«, gesteht Professor Heidrun Kaupen-Haas, Leiterin der Medizinischen Soziologie an der Hamburger Universitätsklinik; sie verweist auf die in Sachen Arbeitslosigkeit erfahreneren amerikanischen Kollegen.

In den USA wurden in der Tat starke Transformationen in der Persönlichkeitsstruktur von langfristig Arbeitslosen festgestellt: Besonders bei Arbeitnehmern von 45 an können Selbstwertzweifel, die Angst, ausgestoßen zu sein, und das bittere Gefühl, nach langen Jahren harter Arbeit »nicht mehr gebraucht« zu werden, körperliche und seelische Zerfallprozesse bewirken. Nicht selten enden solche Entwicklungen vor dem Scheidungsrichter oder in der Nervenheilanstalt.

Wenn der einstige Personalchef Curt B. gegen Mittag die Hausarbeit beendet und eingekauft hat und die Wäsche in der Waschmaschine rotiert, dann sitzt der einst so agile Mann (»Ich kannte nur die 80-Stunden-Woche«) müde auf dem Sofa im altdeutsch möblierten Wohnzimmer und fragt sich, »was bleibt, wenn nicht bald ein Silberstreifen am Horizont erkennbar wird?« Die Antwort gibt er sich selbst: »Dann bleibt mir nur der Strick.«

Daß Menschen wie Curt B. nicht nur vom Selbstmord reden, belegen Untersuchungen, die von der »Deutschen Zentrale für freie Jugendwohlfahrt« in den letzten Jahren der Weimarer Republik vorgenommen wurden: Man registrierte damals in Berlin ein deutliches Anwachsen der Selbstmordrate parallel zu den Arbeitslosenziffern. Folgerichtig stellte im August 1975 der Leiter des Zentrums zur Verhütung von Selbstmorden in der krisenempfindlichen Auto-Stadt Detroit fest: »Es besteht ein empfindlicher Anstieg von Suiziden bei erhöhter Arbeitslosigkeit.« Viel häufiger aber als der Freitod seien unbewußte Formen der Selbstzerstörung: psychosomatische Erscheinungen wie Magengeschwüre, Appetitlosigkeit, Schlafstörungen, Kopfschmerzen oder Kreislaufzusammenbrüche.

Soweit ist es mit Willi B., 20, aus Pirmasens noch nicht gekommen; B. hat das Glück, Vater eines 15 Monate alten Sohnes zu sein, »der gar nicht zuläßt, daß ich auf falsche Gedanken komme«. Nachdem man dem Arbeitnehmer aus der Schuhbranche vor 13 Monaten die Arbeit nahm, wurden die Rollen in der Familie B. vertauscht. Während Frau Angelika in einer Lederfabrik für 140 Mark in der Woche Mäntel zuschneidet, versorgt Vater Willi daheim den quirligen Markus. Vormittags trifft er auf dem Spielplatz gelegentlich ehemalige Kollegen, die – ebenfalls ohne Arbeit – wie er Mama spielen. 5000 Arbeitsplätze der Schuhindustrie hat der Arbeitsamtsbezirk Pirmasens innerhalb der vergangenen zwei Jahre verloren. Allein 1300 Schuharbeiter stempeln – 200 schon länger als ein Jahr.

Daß sich die Arbeitslosigkeit der Väter nur in Ausnahmefällen positiv auf ihre Kinder auswirkt, hat der Psychologe Adolf Busemann schon 1932 ermittelt. Er stellte fest, daß sich die schulischen Leistungen der Kinder meßbar verschlechtern, sobald ihre Väter länger als ein Jahr arbeitslos sind. Und die Fürsorgerin Dr. Ruth Weiland beobachtete ein Jahr später eine ähnliche Form sozialer Vererbung: verstärkte Neurotisierungserscheinungen bei Kindern von Erwerbslosen.

Wie sein Vater vor 45 Jahren, beginnt nun auch der siebzehnjährige Emil aus einem Arbeiterviertel im Bochumer Norden seine Karriere auf den Fluren des Arbeitsamtes. Seit länger als einem Jahr

An diesem Fließband arbeitete Willi B., 20. Seit mehr als einem Jahr ist er arbeitslos. Als er seinen Job in einer Schuhfabrik in Pirmasens verlor, war sein kleiner Sohn Markus gerade drei Monate alt. Nun hat das Werk, in dem Willi B. als »Ausleiher« schaffte, Pleite gemacht; auf den Bändern stehen noch die Schuhmodelle für das Frühjahr 1976.

muß der stämmige Junge ebenso wie seine gleichaltrige Freundin Renate »in den Mond glotzen«. Berufsschulpflicht, Verbot von Akkordarbeit und die Erhöhung der Ecklöhne für Jugendliche in vielen Tarifbereichen sind einerseits sozialpolitische Errungenschaften; andererseits hüten sich viele Unternehmen, derart geschützte Jugendliche zu beschäftigen, und so sind die beiden Arbeiterkinder schon vor ihrem Berufsleben Dauerarbeitslose, denen nur noch eine Hoffnung bleibt: »Mal wie Bonnie und Clyde einen anständigen Bruch bauen und dann nix wie raus aus der ganzen Scheiße.« Renate würde – quasi als Alternative – auch als Krankenschwester arbeiten, wie vor zwei Jahren während eines Schulpraktikums: »Essen verteilen und mit den alten Leuten quatschen. Da hat man noch dat Gefühl, man is zu wat nütze.«

Nutzloses Nichtstun und monatelanges »Warten, daß der Tag rumgeht« führt bei den älteren Erwerbslosen oft zu Resignation; bei Jugendlichen staut es häufig Aggressionen, deren Entladung der seit einigen Jahren stark ansteigenden Jugendkriminalität zusätzliche Brisanz geben wird. Das Bundeskriminalamt befürchtet denn auch, daß der Polizeiapparat die mutmaßlichen Folgen der Jugendarbeitslosigkeit kräftemäßig nicht bewältigen könne. Und voller Besorgnis spricht die »Bundesanstalt für Arbeit« bereits von einer »ausbildungs- und berufsgeschädigten Generation«, die nach Meinung des Psychologen Dr. Hermann Saterdag »das Erwachsenenleben nicht lernen kann und von der folglich auch keine Anpassung an unsere Gesellschaft zu erwarten ist«.

Emil und Renate haben schon lange gelernt, wie man sich selber hilft. Da beiden keine Arbeitslosenunterstützung zusteht – von der Sonderschule ging es geradewegs auf die Straße –, und die Eltern keinen Pfennig zuviel haben, »organisieren« sie sich ihr Taschengeld, selten legal, und setzen es dann in Alkohol um. Und wenn Emil nach einigen Schlukken aus der »Gemeinschaftsbombe« Rotwein von seinem Wochenendarrest im Jugendgefängnis erzählt, bekommt er leuchtende Augen: »Da war doch mal wat los.«

Über mangelnde Beschäftigung kann sich der dauerarbeitslose Automaten-Dreher und Ex-Bergmann Walter Orlowsky, 44, aus Bochum-Laer nicht beklagen. Als er vor fast zwei Jahren zusammen mit vierzig Kollegen »aus der Firma gescheucht« wurde, erfüllte er sich einen Lebenswunsch und wurde Hobby-Gärtner. In wenigen Wochen verwandelte der Vater von neun Kindern die Dreieinhalb-Zimmer-Wohnung in einen botanischen Garten: Im Wohnzimmer wuchert auf Tisch, Schrank, Fernseher und Fenstersims vom Heideröschen bis zum Alpenveilchen, vom breitblättrigen Knabenkraut bis zum Frauenschuh alles, was in westfälischen Breiten an Ziergewächsen zu haben ist. Auf seinem Balkon gedeihen in 45 Blumentöpfen Radieschen, Mohrrüben, Salat, ein Orangenbaum und Tomaten, die der Sohn eines ostpreußischen

Landarbeiters einmal in der Woche mit Milch und verdünntem Taubenkot gießt: »Dat gibt Kraft.«

Walter Orlowsky sieht »beim Teufel nich ein, warum ich nu schlappmachen und vor mir selber ausspucken soll, nur weil die mir die Arbeit weggenommen haben«. Er habe dreißig Jahre gearbeitet, regelmäßig seine Arbeitslosenversicherung gezahlt, und jetzt erhalte er zurück, was ihm zustehe: 562 Mark »Alhi«. 303 Mark Wohnungszuschuß vom Sozialamt, und seit der neuen Kindergeldregelung alle zwei Monate 1920 Mark Kindergeld – »damit komm ich rum«.

Jeden Monat fragt Orlowsky im Arbeitsamt nach, ob es »wat für mich gibt«. Meist fragt er vergebens, und wenn er von einer freien Stelle hört, dann rangeln sich in der Regel gleich 20 bis 30 Konkurrenten um den Job. Die Personalchefs der Firmen suchen sich die »rentabelste Kraft« heraus. »Gesund muß sie sein, genügsam, nicht zu jung und nicht zu alt und ohne politische Macken«, sagt Heinz Wandelt, Erster Bevollmächtigter der IG Metall in Offenbach.

Die anderen, »die Leute mit den kleinen Schönheitsfehlern« (Arbeitsamtjargon), das sind die 108000 Arbeitslosenhilfeempfänger (Stand: August) in der Bundesrepublik, die meist schon länger als ein Jahr keine Arbeit haben: ältere Hilfsarbeiter zumeist, halbtagsbeschäftigte Frauen und viele Leute aus den strukturschwachen Gebieten der Republik. Bevor sie Arbeitslosenhilfe bekamen, mußten sie als Nachweis ihrer Bedürftigkeit Heiratsurkunde, Geburtsnachweis und Einkommensbescheinigung vom Ehegatten, von Adoptiv-, Pflege-, Stief- und leiblichen Kindern (ehelichen wie außerehelichen), von Eltern, Großeltern und Enkeln vorlegen, auch wenn die Verwandtschaft nicht mehr im Haushalt lebt: Ein Verfahren, das eher auf agrarische Großfamilien zugeschnitten zu sein scheint.

Je länger ein Arbeitsloser beschäftigungslos ist, desto geringer sind seine Chancen: Der »Arbeitslosensockel« wird erst abgetragen, die Dauerarbeitslosen werden erst wieder Hoffnung schöpfen können, wenn die Konjunktur wieder heiß läuft, und jede Hand gebraucht wird. Aber wann wird das je wieder so sein?

Bis dahin muß der Schuharbeiter Ludwig D., 48, aus Pirmasens, seit einem Betriebsunfall vor zwei Jahren ohne Beschäftigung, seine Promenadenmischung Senta schlechten Gewissens Gassi führen. »Arbeitslos is er«, beschimpft ihn die Nachbarin aus dem Klofenster, »aber einen Hund kann er sich leisten.« Ludwig D. schuldbewußt: »I kann ihn doch net schlachte!«

Bis dahin müssen auch weiter Tausende ausländischer Arbeiter, die nicht aus EG-Ländern stammen, und deren Anspruch auf Arbeitslosengeld erschöpft ist, die Koffer packen und nach Bosnien, Anatolien oder in die Sierra Morena zurückkehren; Arbeit wartet dort nicht auf sie.

Bis zum nächsten Boom wird auch Thomas D. mit seinen Kollegen aus der Offenbacher Lohwaldsiedlung beim »Dicken« am Kiosk von morgens bis abends seinen Skat kloppen. Er leidet an dem »sozialen Schönheitsfehler«, in einer Gegend zu leben, die als Obdachlosenasyl bei potentiellen Arbeitgebern keinen guten Ruf hat. Wie Thomas D. sind viele Bewohner hier Dauerarbeitslose. Vor zwei Jahren wohnte Thomas D. noch in einer guten Gegend »gar net weit von der Kilius«. Dann verlor er seine Stelle beim Bau, die Mietschulden wuchsen ins Unbezahlbare, und »bevor wir überhaupt wußten, wohin der Kahn treibt«, wies das Sozialamt der neunköpfigen Familie eine Wohnung in der Lohwaldsiedlung zu: Endstation im sozialen Abstieg.

Dauerarbeitslos: Aus 4050 Mark brutto werden 408 Mark netto

Ein Arbeitsloser, der wie der ehemalige Ford-Arbeiter Alois K. in den drei Jahren vor seiner Entlassung mindestens 104 Wochen gearbeitet und regelmäßig seine Arbeitslosenversicherung gezahlt hat, erhält 312 Wochentage Arbeitslosengeld, im Behördendeutsch »Alg« genannt. Dieses »Alg« beträgt in der Regel 68 Prozent des durchschnittlich in der tariflichen Arbeitszeit verdienten Nettogehalts der letzten zwanzig Arbeitstage, wobei Überstunden nicht voll angerechnet werden. Deshalb erhält Alois K., der früher dank vieler Sonderschichten 1200 Mark mit nach Hause brachte, nicht 68 Prozent von 1200, also 816 Mark, sondern nur 700 Mark Arbeitslosengeld. Der Arbeitslosengeld-Höchstsatz: 319,80 Mark pro Woche.

Nach maximal einem Jahr ist der Anspruch auf das »Alg« erloschen, und der Arbeitslose muß in einem Antrag auf Arbeitslosenhilfe (»Alhi« = 58 Prozent des letzten Nettogehalts ohne Zuschläge) seine Bedürftigkeit nachweisen. Das fällt Leuten wie dem Ex-Personalchef Curt B. besonders schwer. Denn bei der detaillierten Prüfung der Bedürftigkeit des Arbeitslosen berücksichtigt das Arbeitsamt Einkommen und Vermögen des Ehepartners sowie aller Verwandten gerader Linie (von den Enkeln, Kindern, Eltern bis zu den Großeltern), sofern es 75 Mark in der Woche übersteigt. Da die Frau von Curt B. 1100 Mark netto im Monat verdient, werden ihm 775 Mark von seinem »Alhi«-Höchstsatz (1183) abgezogen, und es bleiben ihm 408 Mark Arbeitslosenhilfe, das sind nur noch etwa 10 Prozent seines letzten 4050-Mark-Gehalts.

Wer über ein Vermögen (Sparkonto, Aktien, Mietshaus) verfügt, das größer als 8000 Mark ist, bekommt keinen Pfennig Unterstützung. Die »Alhi« reduziert sich auch bei Arbeitslosen, die ein Nebeneinkommen aus eigener Landwirtschaft beziehen, wie es besonders in den strukturschwachen ländlichen Gebieten vorkommt. Dem entlassenen Torfstecher Alfred Hansen aus Ostfriesland beispielsweise stünden eigentlich 281 Mark »Alhi« zu. Da ihm aber für seine zwei Kühe 40 Mark und seinen Hektar

Land 30 Mark von der Arbeitslosenhilfe abgezogen werden, bleiben ihm nur 221 Mark im Monat. Die »Alhi« wird bis zum Rentenalter gewährt.

Überhaupt keine Unterstützung bekommt der siebzehnjährige Emil aus Bochum, der noch nie eine feste Arbeit hatte, weil nach der Schulzeit weder eine Lehrstelle noch ein Hilfsarbeiterjob für ihn zu bekommen war.

Je schlechter die Zeiten, desto schöner das Lotto (Januar 1976)

Seitdem die Zeiten schlechter sind, bauen die Deutschen wieder mehr auf das Glück. Fast die halbe Nation spielt jede Woche Lotto, die Ziehung am Samstagabend wird zum sakralen Augenblick.

Jeden Freitagnachmittag ist der Laden des Fußballveteranen Hugo Grezella aus Gelsenkirchen-Bismarck zum Bersten voll: Die Leute stürmen die Lotto-Annahmestelle wie gleich nach der Währungsreform die Kartoffelhandlung Katzinski um die Ecke. Bis auf die Straße stehen die Spieler, jeder seinen Lotto-Schein in der Hand. Trotz des Gedränges herrscht in dem kleinen miefigen Laden andächtiges Schweigen. Jeder ist allein – nur mit sich und seinem Tip beschäftigt. Monoton schnarrt die Registriermaschine. Und es gehört zu dem feierlichen Ritual, daß Hugo Grezella seinen Kunden mit der Lotto-Quittung auch ein leises »Glückliches Wochenende« auf den Weg gibt. »Glückliches Wochenende« – das heißt präziser: Glück bei der Ziehung der Lottozahlen am Samstagabend. Neben dem Eingang, unter einem Lotto-Plakat mit der Aufforderung: »Millionär werden!« steht ein Mann im beuteligen Anzug und brütet über seinem Lotto-Schein. »Früher in der Kokerei war dat noch leichter mit dem Lotto«, sagt er, »da hab ich immer die Nummern der Bahnwaggons getippt, die ich mit Koks beladen mußte.« Aber heute ist Erich Bohjah arbeitslos, und nun weiß er nicht mehr so recht, welche Zahlen er ankreuzen soll.

Seitdem die Zeiten unsicher geworden sind, blüht das Lotto-Geschäft – wie nie zuvor. 20 Millionen Bundesbürger vertippen jede Woche 65 Millionen Mark. Nicht nur arme Teufel, auch »bessere Herrschaften«, so ein Lotto-Annehmer, geben ihre Tips ab, verschämten Gesichts. Die Tipper erhoffen sich vom »Lotto ein sorgenfreies neues Leben«, ganz so, wie es ein Werbeslogan verheißt. Auch Erich Bohjah, der arbeitslose Kokereiarbeiter, spielt Lotto – seit 21 Jahren, jede Woche gibt er einen Tippschein für 4,20 Mark ab, »um aus dem Schlamassel raus zu kommen«. 5000 Mark hat Bohjah, 52, bisher bei Hugo Grezella gelassen, knapp 500 Mark hat er wieder zurückgewonnen. »Zwei- bis viermal drei Richtige im Jahr, dat ist bei mir Schnitt.« Da es nach der Wahrscheinlichkeitsrechnung 57 Wochen dauert, bis ein Tip drei Richtige trifft, schneidet Erich Bohjah mit seinem 4500-Mark Verlust – das ist mehr, als er in einem halben Jahr vom Arbeitsamt bekommt – noch recht gut ab.

Die Wahrscheinlichkeit, daß er gar sechsmal die »richtige« Zahl tippt, ist deprimierend gering: 1:14000000 (in Worten: eins zu vierzehn Millionen). Das heißt: Eher findet er unter der erwachsenen Bevölkerung

Nordrhein-Westfalens den Jungen, der einen roten Schnürsenkel verschluckt hat, als daß er eine Million gewinnt.

Für solche Negativ-Statistiken hat Bohjah nur ein Achselzucken übrig. »Wenne nix zu erben hast, dann haste keine Wahl. Wenne nich tippst, dann biste nich dabei, dann haste kein Finger dazwischen.« Und mit dabeizusein, wenn am Samstagabend um 21.45 Uhr »unser blonder Engel«, die Fernsehsprecherin Karin Tietze-Ludwig, die Ziehung der Lottozahlen ankündigt, das ist für Erich Bohjah und seinen ältesten Sohn Wilfried, 27, »der Höhepunkt des Wochenendes«.

Die Pläne für das große Glück sind in den Köpfen von Vater und Sohn fix und fertig: »Erst mal mit der ganzen Straße ein Gelage feiern und die Vergangenheit runterspülen«, sagt Erich. »Dann müßte man die Bruchbude hier völlig neu tapezieren, damit dat wieder menschenwürdig aussieht, wenne Mamma aus der Klinik kommt.« (Ehefrau Elfriede liegt seit der Geburt ihres fünften Kindes in der Nervenklinik.)

Auch die beiden Männer wollen im »neuen Leben«, das sicher ganz das alte bleiben wird, nicht zu kurz kommen. Sohn Wilfried, von Beruf Lastwagenfahrer, denkt an einen »perlweißen VW-Golf LS« für »die Piste«, Vater Erich träumt von einem »Stücksken Land« mit Gartenhaus, »wo ich mich im Alter beschäftigen kann«. Die restlichen 13 Jahre bis zur Pensionierung würde er gerne einen »schönen ruhigen Nachtwächterposten« übernehmen – auch als Halbmillionär, der Arbeitslose hat vom Nichtstun die Nase voll.

Als das Institut für Demoskopie in Allensbach Lotto-Spieler fragte, was sie mit dem großen Gewinn machen würden, verrieten deren Antworten ähnlich solide Sehnsüchte: 64 Prozent wollten ein Haus bauen, 45 Prozent alles auf ein Sparkonto bringen, 32 Prozent würden sich eine Weltreise gönnen und 21 Prozent ein großes Auto. Nur jeder zehnte wollte seine Arbeit für immer los sein.

Doch bevor die Träume wahr werden, müssen in Frankfurt »die richtigen Kugeln« fallen. Bis auf die Zusatzzahl ist an diesem Samstag für die Bohjahs mal wieder kein Treffer dabei. »Weitermachen – bessermachen!«, sagt sich da Erich Bohjah, »nächsten Samstag rollen die Kugeln wieder, und wir sind dabei.«

Am nächsten Samstag kündigt ein anonymer Anrufer für den Abend einen Bombenanschlag auf den Hessischen Rundfunk an. Alle gefährdeten Ecken des Senders werden durch Sicherheitsbeamte bewacht. In der Nähe der grobgezimmerten Holzkiste, in der die Lotto-Trommel die Woche über unter Verschluß gehalten wird, steht ein grimmiger Herr im grauen Tweed.

Vorsicht ist geboten, »denn wenn mit der Lotto-Sendung was passiert, gehen uns die Leute auf die Barrikaden«, sagt Redakteur Friedrich Wiegand. Schon die kleinste Veränderung an der Kameraeinstellung oder am Filmschnitt genügt, und ein Telephonsturm bricht los. Pro-

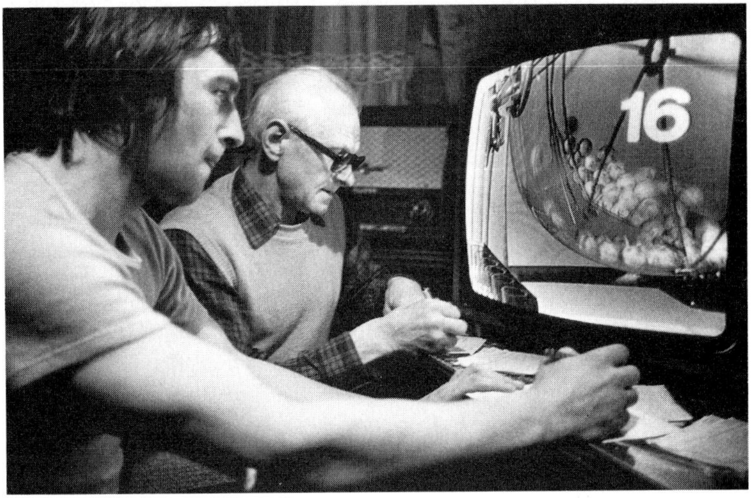

Seit 21 Jahren warten sie auf den Hauptgewinn: Wenn das Fernsehen am Samstagabend die Ziehung der Lottozahlen überträgt, rücken der Arbeitslose Erich Bohjah und sein Sohn ganz dicht an den Apparat.

grammdirektor Hans Otto Grünefeld begreift den Taumel seiner Lotto-Gemeinde: »Von kaum einer anderen Sendung fühlen sich die Zuschauer so direkt und persönlich betroffen. Millionen hoffen, durch die Übertragung der Lotto-Ziehung eine Information zu erhalten, die ihr Leben total verändert.«

Doch die 17 Millionen Zuschauer, die im Durchschnitt die Sendung sehen (Einschaltquote 34 Prozent), hoffen meist vergebens. »Ich habe fünf Kinder, und mein Mann ist seit vier Jahren am Krankfeiern«, schreibt eine Zuschauerin aus Nürnberg, »ich spiele immer im Lotto, immer dieselben Zahlen und immer die falschen. Bitte seien Sie barmherzig und ziehen Sie am nächsten Samstag meine Zahlen!« Solche Briefe, in denen die Lotto-Trommel wie das Instrument einer höheren Gerechtigkeit beschworen wird, füllen Aktenordner.

Gemogelt wird nicht. Regierungsrat Jürgen Riedel, 35, Aufsichtsbeamter der Glückssendung, überzeugt sich zwanzig Minuten vor Ziehungsbeginn während eines Probelaufs vom »ordnungsgemäßen Zustand des Geräts«. Dann greift er in einen schwarzen Skai-Koffer, in dem 49 ordinäre Tischtennisbälle auf Schaumstoff gebettet sind. Nacheinander nimmt er drei der numerierten Bälle heraus, hält sie mit kritischer Miene gegen ein Scheinwerferlicht und überprüft, »ob hier irgendwelche Gegenstände eingebaut wurden«. Diese Frage hat Gewicht, denn der Schaufelarm erfaßt immer nur die Bälle, die am Boden der Trommel liegen. Jedes Jahr werden sie deshalb im Landeskriminalamt gewogen. Ergebnis der letzten Überprüfung: Die schwersten Bälle mit den Nummern 14 (2,479 Gramm), 22 und 39 (je 2,477 Gramm) brachten in den letzten 21 Jahren insgesamt 414mal Glück, und damit 57 mal öfter, als die drei Leichtgewichte mit den Zahlen 47 (2,415 Gramm), 11 (2,421 Gramm) und 44 (2,422 Gramm) – kein Mensch weiß freilich, warum die Tischtennisbälle nicht absolut gleichschwer sind.

Als letzte Amtshandlung vor der »öffentlichen Ziehung der Gewinnzahlen im Deutschen Lottoblock« stellt der Aufsichtsbeamte fest, »ob die Öffentlichkeit, als wichtigstes Element für die Gültigkeit der Ziehung, ordnungsgemäß hergestellt ist«. Er fragt den seit Jahren einzigen Gast der Sendung, den Postbeamten Adolf Maus, ob er »das Studio unbehindert betreten« konnte. Maus, 48, vom Sendeteam »Der Direktor« genannt, kommt seit dem 4. September 1965, dem Tag der ersten Fernsehziehung, jeden Samstagabend aus Offenbach mit dem Bus, weil er fürchtet, »daß die hier sonst Honig in die Bälle kippen«.

Eine Maskenbildnerin pinselt noch schnell Make-up-Puder über die Plastikhaut der Glücksmaschine, damit keine verwirrenden Lichtreflexionen entstehen, Kameramann Dieter Kramming klebt mit einem Kaugummi seinen Lotto-Schein hinter Kamera II, der »blonde Engel« setzt sein Lächeln auf, und Schlag 21.45 Uhr flimmert das Volksroulette in bundesdeutsche Wohnstuben: ein sakraler Augenblick für die Lotto-Gemeinde.

Dabei stehen die Hauptgewinner längst fest: Der Staat und die nicht spielende Hälfte der Nation. 40 Prozent des Spielumsatzes, insgesamt 16 Milliarden Mark, flossen seit 1955 als Steuern in die Taschen der Landesregierungen, denn Glücksspiel ist Ländersache. Nur die Gewinn-Quoten errechnet die Bayerische Lottogesellschaft in München »bundesverbindlich« für den »Deutschen Lottoblock«, der Dachorganisation der Lotto-Gesellschaften: 15 Prozent des ausgeschütteten Gewinns, höchstens aber je 1,5 Millionen, bekommen die Leute mit den sechs Richtigen. 7,5 Prozent bleiben für den 2. Rang (fünf Richtige mit Zusatzzahl), je 22,5 Prozent für Rang 3 und 4, und fast ein Drittel des Gewinns müssen sich etwa zwei Millionen Spieler teilen, die nur drei Richtige haben. Die Lotto-Steuern werden für soziale, sportliche und kulturelle Zwecke ausgegeben: So verdanken die Berliner das neue Raubtierhaus im Zoo und die Schwimmhalle in Schöneberg den Lotto-Spielern; die Stuttgarter Staatsgalerie erwarb zum großen Teil aus Lotto-Mitteln Rembrandts »Selbstbildnis mit roter Mütze«, für 3,6 Millionen, und in Nordrhein-Westfalen bezahlte die Landesregierung ein Strahlungsgerät zur Krebsbekämpfung mit Spielgroschen.

Trotz dieser sozialen Wohltaten war dem Staat noch nie ganz wohl beim Jeu. Schon 1833 gestand Finanzminister von Wirschinger im Bayerischen Landtag, »daß sich das Lotto vom Standpunkt der Sittlichkeit und Moralität eigentlich nicht vertreten« lasse. Und die CDU-Abgeordnete Helene Weber orakelte 1952 im Bundestag: »Am Glücksspielgeld haftet eine dunkle, unheimliche, dämonische Macht.«

Ein 20-Prozent-Umsatz-Plus des vergangenen Jahres machte den Deutschen Lottoblock erneut verdächtig. Treibt tatsächlich die Krise die Leute in die Lotto-Stuben? Wird der Tippschein als Sozialdroge mißbraucht, mit der die Spieler aus der rauhen Wirklichkeit in die Irrealität des Lotto-Glücks fliehen? Fast alle Lotto-Gesellschaften bestreiten das. Allein der Geschäftsführer der »Hessischen Lotterie-Treuhandgesellschaft«, Georg Schäfer, gibt zu, »daß in Krisenzeiten der Kunde mehr ins Glück investiert«.

Mit der Erhöhung des Hauptgewinns von 500000 auf 1,5 Millionen Mark verführte der Lottoblock im Sommer 1974 den wirtschaftlich verunsicherten Bürger noch mehr, künftig stärker auf das Glück zu bauen: Und der Umsatz stieg. »Die Leute spielen mehr, weil Krisenzeiten die Menschen ganz besonders anfällig machen für jede Form des Irrationalen«, vermutet der Mainzer Kriminologe Professor Armand Mergen, Autor der jüngsten Untersuchung über die Spielmotive von Lotto-Tippern. »Not lehrt beten«, hieß es früher. Heute beschwört man die Glückstrommel in Frankfurt: Not lehrt tippen.

Bei Elfriede Siegner aus Konstanz tut das der Pudel Elfie. Er muß vor der Lotto-Ziehung laut bellen, »sonst hab ich kein Glück«. Der Schweißer Hans Gabryschak, 45, tippt am Freitag die Zahlen auf den Nummernschildern der grünen Autos (»meine Hoffnungsfarbe«), die ihm auf dem Weg zur Arbeit entgegenkommen, und sein Kollege Johannes Schodrovski, 50, kreuzt auf seinem Schein immer die gleichen Felder an. »Einmal müssen meine Zahlen ja kommen«, sagt er, »und wenn es in meinem Leben nicht mehr klappt, dann vererbe ich den Tip an meine Kinder.« Das sagt er so: Schodrovskis Nachfahren werden nach dem Gesetz der Wahrscheinlichkeit 268891 Jahre auf das große Geld warten müssen.

Im Geschäft mit Hoffnung und Aberglauben mischen die Lotto-Gesellschaften selber kräftig mit. Ihre offiziellen »Glücksmagazine«, die jede Woche millionenfach in den 27000 Annahmestellen verschenkt werden, verzichten nie auf »Horoskop und Glücksempfehlung«. »Sie sind groß im Kommen«, prophezeit die Münchner Lotto-Zeitung ›Spiel mit‹ allen Wassermännern, »jetzt heißt es handeln. Glückszahlen: 11, 23, 24.«

Bernhard Sonnef, 54, schwört auf den Rat der Sterne. Mit Hilfe seines Horoskopes gewann er vor fünf Jahren 177000 Mark. Vom Spielglück beflügelt ging Sonnef dann aufs Ganze und setzte jede Woche 2000 Mark, »um das große Glück zu zwingen«. Nach einem Jahr hatte Sonnef alles wieder verspielt.

»Unbewußt verhält sich der Lottospieler, als sei er in abergläubischen oder religiösen, in irrationalen oder magischen Bann geraten«, stellt Professor Mergen fest. »Bewußt will er zu Geld kommen – auf irreale magisch-mystische Art und Weise.« Solche Bedenken hält der Direktor des Nordwest-Lottos, Lothar Lammers, für abwegig: »In unserer von Rationalität bestimmten Zeit ist das Lotto längst zu einer Form moderner Freizeitbeschäftigung geworden.«

Lammers betrachtet sein Unternehmen auch als Instrument einer sozialen Gesellschaftspolitik: »Mit jährlich etwa 210 neuen Halbmillionären (seit 1974 machen wir Millionäre) und weiteren 1600 Gewinnern von 30000 und mehr Mark sind wir zu einem Vermögensbildungsfaktor ersten Ranges geworden.« Betrachtet man aber neben den Gewinnern auch die Verlierer, so entpuppt sich das Spiel mit den 49 Tischtennisbällen als eine indirekte Besteuerung gerade derer, die Vermögensbildung nötig hätten. Denn aus den Taschen der Arbeiter und Angestellten stammen zum großen Teil die Lotto-Millionen, die jede Woche als Lotteriesteuer in das Staatssäckel wandern. Und auch das Glück der wenigen muß von den vielen bezahlt werden, die wenig haben.

Peter Truxer (der Name wurde geändert) ist einer dieser wenigen Glücklichen. Am 28. September 1974 gewann er 1555969,35 Mark. Diese Summe hat er noch heute bis auf den Pfennig im Kopf, und unvergeßlich bleibt dem Taxifahrer auch der Augenblick, »der uns zu Millionären machte«. Es war der Abend, an dem er sich im Zweiten Deutschen Fernsehen ›Land des Lächelns‹ zu Gemüte führte, der Operettenfreund verpaßte daher die Ziehung seiner Zahlen, und erst die Spätausgabe der Tagesschau meldete das Glück. »Ich hab meinen Augen gar nicht trauen wollen: Die Zahlen meines Geburtsdatums – 3, 5, 37 – und die meiner Frau 24, 2, 45 – standen da auf der Anzeigetafel. Erst als ich Elisabeth anschaute und sah, wie bleich die war, da wußte ich: Wir haben's geschafft.« Aufgeregt lief Peter Truxer in die Küche, holte aus dem Schulranzen seiner Tochter ein Stück Ölkreide und malte die sechs Richtigen als sichtbaren Beweis des Wunders auf die Mattscheibe. Die ganze Nacht saß das Ehepaar vor dem Fernseher und betrachtete »das schönste Programm, das wir je sahen«.

In dieser Nacht faßten Peter und Elisabeth Truxer einen Entschluß, der ihr Leben fortan bestimmen sollte: Sie schworen sich, niemandem etwas vom Lotto-Glück zu erzählen. In diesem Vorsatz wurden sie am Montagmorgen von einem Mann bestärkt, der sich an der Wohnungstür mit folgenden geheimnisvollen Worten vorstellte: »Mein Name ist B. Ich komme aus Münster. Sagt Ihnen das was?«

Münster ist der Sitz des Nordwest-Lottos, und B. ist Gewinnberater der Lottogesellschaft, und seine Aufgabe ist es, »den Gewinnern einzutrichtern, daß sie schweigen müssen, wenn sie mit dem Geld glücklich werden wollen. Die Leute ersparen sich so den Neid ihrer Mitmenschen und die hemmungslose Bettelei.« Im übrigen empfiehlt er, bei der Anlegung des Gewinns – ein Jahr steuerfrei – eine Bank zu Rate zu ziehen.

Seit 14 Monaten nun schweigen die Truxers. Weder ihre Eltern noch ihre Tochter und schon gar nicht die Arbeitskollegen wissen vom großen Reichtum. »Man kommt sich vor wie ein Bankeinbrecher«, sagt Peter Truxer, »immer muß man lügen, nie darf man mit der Wahrheit raus. Das kostet Nerven.« Das Reihenhaus in der feinsten Stadtgegend (Kosten: 400000 Mark) habe er sich – so lügt Truxer – vom Bausparvertrag und mit günstigen Krediten gekauft. Die zwei Taxen, die jetzt Angestellte für ihn fahren, sollen angeblich die Schulden abtragen helfen.

Selber fährt Peter Truxer nur noch »aus Hobby« ein paar Stunden am Tag. »Ich kann doch nicht aus lauter Langeweile mit dem Kopf gegen die Wand laufen.«

Seinen Taxi-Kollegen, die bisweilen 16 Stunden hinterm Steuer sitzen, ist der »Sonntagsfahrer« unheimlich geworden, das weiß Truxer genau: »Irgendwas ist da faul«, sagen sie, und auch den neuen Nachbarn erscheint der zugezogene Taxifahrer reichlich suspekt.

So zwischen alle Stühle geraten, ziehen sich Elisabeth und Peter Truxer mehr und mehr in die eigene Familie zurück. Auf die Frage, ob die sechs Richtigen ihnen am Ende Glück gebracht haben, antwortet der Lotto-König trotzig: »Wir haben unser Lebensziel erreicht.«

Betrug ausgeschlossen

Die Tippscheine wandern von der Lotto-Annahmestelle zunächst in die Bezirksstelle, werden dort auf Vollständigkeit geprüft und Freitagnacht in großen Containern zu den Landeszentralen gefahren. Wenn ein Lottoschein-Transporter beraubt wird, ausbrennt oder im Nebel liegenbleibt, können die Lottogesellschaften auch bei sechs Richtigen nicht zur Kasse gebeten werden. Denn erst wenn die Scheine am Samstagmorgen in der Landeszentrale automatisch gezählt und fotografiert worden sind, ist der Vertrag zwischen Tipper und Gesellschaft besiegelt. Ergibt die Zählung, daß ein Schein verlorenging, so wird bei der zuständigen Annahmestelle nachgefragt, ob sich dort die zweite Quittung befindet, andernfalls schließt ein Justitiar den vermißten Schein vom Spiel aus. Die Mikrofilme kommen um 14 Uhr in einen Tresor, der versiegelt wird. Nach der Ziehung trennt ein Computer die Nieten von den Gewinnscheinen. Alle größeren Gewinne werden mit den Mikrofilmen verglichen, und erst, wenn der Original-Glücksschein mit dem Photo übereinstimmt, macht sich der Gewinnberater auf den Weg.

Ahmets Heimkehr (Oktober 1976)

Seit Anfang der siebziger Jahre kehrten über 250000 türkische Gastarbeiter für immer in ihre Heimat zurück. Einer von ihnen ist Ahmet Üstünel. Fünf Jahre hat er im Ruhrgebiet Kohle gefördert, hat geknausert und gespart, um eines Tages als gemachter Mann in seinem Dorf ein besseres Leben führen zu können. Wir begleiteten Ahmet auf seinem Weg zurück in die Berge Westanatoliens.

Bei Kilometerstand 3750, nach achtzig Stunden Fahrt, signalisieren drei schlanke Türme das Ende einer langen Reise. Hoch oben in den verkarsteten Bergen Westanatoliens ragen die Minaretts des Dorfes Günlüce aus einem schmalen Gürtel grüner Felder und lehmbrauner Häuser. Der Gastarbeiter Ahmet Üstünel kehrt heim, für immer. Noch vor einer Woche hat er auf der Zeche »Franz Haniel« in Oberhausen 1000 Meter unter Tage Kohle gefördert. Fünf Jahre schuftete der fleißige und fromme türkische Bauer als Bergmann. Jetzt fährt er mit seiner Frau Zehra und seinen drei Kindern im eigenen Volkswagen zurück ins Dorf. Ahmet will wieder Bauer sein.

Es ist für den 30jährigen Heimkehrer eine Ewigkeit her, als er am 20. März 1971 mit zwei Handtüchern, einem Stück Kernseife und drei Pfund Ziegenkäse im neuen Pappkoffer die lange Reise in die Fremde antrat, um als Kumpel in Deutschland Geld zu verdienen. Über Nacht wurde Ahmet Üstünel in eine andere Welt verfrachtet: Zum erstenmal reiste er nicht auf dem Rücken seines Esels über Land, sondern mit der Eisenbahn. Zum erstenmal brauchte er abends, im Gastarbeiterheim im Ruhrgebiet, nicht die Petroleumlampe anzuzünden – ein Druck auf den Lichtschalter genügte. Und zum erstenmal sah er Frauen ohne Kopftuch auf offener Straße, manche trugen die Röcke so kurz, daß er ihre Knie sehen konnte. Es dauerte Monate, bis sich Ahmet in der Bundesrepublik halbwegs zurechtgefunden hatte.

Auf der Zeche brachte man ihm in einem Sprachschnellkursus bei, daß Könür – »Kohle«, Götürüis – »Akkordarbeit« und Parazarfi – »Lohntüte« heißt, die drei Zentralbegriffe seines neuen Lebens. Ahmet Üstünel arbeitete bis zu 34 Schichten acht Stunden im Monat und verdiente im vorigen Jahr 28509 Mark und 33 Pfennige. Manchmal gönnte er sich ein freies Wochenende und traf sich mit seinen Landsleuten am Hauptbahnhof. Dann schwatzten sie über Stundenlöhne und von der Heimkehr – irgendwann.

Fünf Jahre lebte Ahmet in einer Welt, die ihm fast wie das Paradies erschien, in der er aber auf alles verzichten mußte, was nicht zum Überleben nötig war. »Ich nix Püff, ich nix Bütter, ich immer nur Maloche«, klagt Ahmet Üstünel; er sparte jeden Pfennig für ein besseres Leben daheim in Anatolien.

1972 machte der Gastarbeiter vier Wochen Heimat-Urlaub, um seine Frau Zehra und seinen damals einzigen Sohn Fermer, heute sieben, nach Oberhausen zu holen. Die 27jährige Ehefrau, der man ansieht, daß sie einmal hübsch war, fühlte sich in der geräumigen neuen Zwei-Zimmer-Wohnung in Oberhausen-Osterfeld »wie im Käfig«. Zu Hause in Günlüce hatte sie den ganzen Tag die Ziegenherde über die Weiden getrieben, im fremden Deutschland durfte sie das Haus nur in Begleitung ihres Mannes verlassen.

Doch nach vier Jahren Sozialwohnungsarrest und fünf Jahren Akkordarbeit stimmten die Kohlen bei den Üstünels. Auf dem Sparkonto lagen 30000 Mark, und daheim in Günlüce wartete ein 100-PS-Traktor, den sich Ahmet während eines Urlaubs vor vier Jahren gekauft hatte. Wenn der fremdgegangene Kleinbauer, Besitzer von 20 Ziegen und ein paar steinigen Feldern, nun mit seinem vollbepackten VW-Variant in sein Dorf zurückkehrt, dann werden die Leute wissen: Ahmet ist ein gemachter Mann.

Diesem Augenblick des Triumphes über die Jahre der Entbehrung fuhr Ahmet drei Tage und vier Nächte entgegen und wir hatten Mühe, ihm zu folgen. Denn zum Halten zwingen Ahmet höchstens der leere Tank und fünfmal am Tag die Pflicht zum Gebet – nach Osten knieend verneigt er sich dann und murmelt 99mal den Namen Allahs. Gegessen und geschlafen wird während der Fahrt. Manchmal nickt auch Vater Üstünel ein, aber der holprige Seitenstreifen rüttelt ihn immer gerade rechtzeitig wieder wach. Auf der gefährlichen »Autoput«, der Gastarbeiterstrecke zwischen Zagreb und Belgrad, können wir ihn zu einer vierstündigen Pause überreden. Danach geht es nonstop weiter, bis Ahmet endlich an einem Wildbach in Sichtweite seines Dorfes den Fuß vom Gaspedal nimmt.

Nun hat er Zeit. In aller Ruhe, so wie er es in Deutschland gelernt hat, bringt er seinen Wagen erst einmal auf Hochglanz. Anschließend rasiert er sich und kämmt sich den kurzen borstigen Schnäuzer. Zehra bindet sich ein größeres schwarzes Kopftuch um und zieht den Kindern frische Sachen an. Jetzt kann man sich in Günlüce sehen lassen.

Im ersten Gang und stolz wie ein siegreich heimkehrender Krieger steuert Ahmet Üstünel auf dem zerfurchten Lehmweg hinauf ins Dorf. Auf der Terrasse des Caféhauses sitzen dreißig Männer vor ihrem Tee und betrachten staunend und stumm das blitzblanke Automobil mit dem deutschen Kennzeichen OB-TS 80. Einige Frauen treiben gerade das Vieh vorbei, sie ziehen sich die Kopftücher vor das Gesicht und wenden sich ab. Eine Meute johlender Kinder läuft hinter dem VW her und ruft: »Sigara, Sigara!«, denn sie wissen: Wer aus Almanya kommt, der hat immer gute Zigaretten dabei.

Bewundert und beneidet werden die 250 Männer aus Günlüce, die Arbeit in Deutschland haben. Wenn sie im Urlaub nach Hause kommen, staunen ihre Dorfgenossen.

Aus Ahmets Elternhaus kommt sein Vater und schießt vor Freude alle acht Schuß seiner Beretta in die Luft. In Günlüce wird scharf geschossen, und auch die Tränen sind echt: Nach vier Jahren Trennung liegen sich Vater und Sohn weinend in den Armen. Zehra küßt ihrem Schwiegervater unterwürfig die Hand, dann verschwindet sie, ohne ein Wort zu sagen, im Haus, wo die weiblichen Familienangehörigen hinter halbgeöffneter Tür auf sie warten. In Oberhausen durften wir noch, mit Ahmets Hilfe als Übersetzer, Fragen an sie stellen, und selbst ein Familienfoto mit Zehra wurde uns gestattet. In Günlüce gilt schon das Betrachten einer Frau, mit der man nicht verwandt ist, fast als Schändung. So verhüllt Zehra, wann immer wir ihr jetzt begegnen, sofort das Gesicht und verschwindet.

Noch bevor Ahmet den Wagen entlädt und die Federbetten, Kochtöpfe, Kleiderkoffer, die Fensterjalousie, das Ölbild mit dem Schwarzwaldmotiv, die Säge aus Solingen und das Transistorradio in das Haus schafft, muß er das Gelübde erfüllen, das er vor seiner Abreise nach Deutschland in der Moschee abgelegt hat. Als Dank für seine glückliche Heimkehr schlachtet er, nach Mekka gewandt, vor der Schwelle seines Hauses einen Ziegenbock und spricht die Worte: »Allah akbar« – Allah ist groß. Später wird das Opfertier in drei Teile zerhackt – ein Drittel schenkt Ahmet den Armen, ein Drittel seinen besten Freunden, und den Rest teilt er mit seiner Familie – und uns.

Zehn Tage sind wir zu Gast im Hause Üstünel. Als sei das selbstverständlich, werden uns die beiden weichsten Betten in der kühlsten Kammer hergerichtet. Drei Mahlzeiten am Tag nehmen wir mit Ahmet ein. Auf einem großen Zinntablett serviert sein Sohn Fermer zum Frühstück Pansensuppe, mittags und abends Joghurt, frischen Knoblauch, Tomaten, gebratene Auberginen, als Nachtisch Kirschen und Kaffee.

Früher konnte Ahmet seiner Familie einen solchen Speiseplan nicht bieten. Seine Felder, auf denen er Weizen, Hirse, Mais und auch ein bißchen Mohn anbaute, waren zu klein, der Boden zu ausgelaugt, um sie dreimal am Tag satt zu kriegen. Als dann am 28. März 1970 zu allem Unglück noch ein schweres Erdbeben seine halbe Ziegenherde unter den Trümmern des Stalles begrub, und zwei Morgen Land zu Tal stürzten, da bewarb sich der Bauer in der Bezirkshauptstadt Kütahya um einen Arbeitsplatz in Deutschland. Er mußte Geld verdienen, um neue Ziegen kaufen und das baufällige Lehmhaus instand setzen zu können.

Er war nicht der einzige, den es nach Deutschland trieb. Jeder, der noch halbwegs bei Kräften war, wollte in das gelobte Land des großen Waffenbruders aus dem Ersten Weltkrieg. Aber von 600 Männern aus Günlüce genügten nur 250 den strengen Auswahlkriterien der Bundesanstalt für Arbeit, Zweigstelle Türkei. Junge, kräftige Bauern, arbeitslose Landarbeiter, aber auch qualifizierte Bergleute aus den Braunkohlewerken des Bezirks, wurden, sofern sie lesen und schreiben konnten, vor allem von der Ruhrkohle AG in Essen für den Pütt angeworben.

Nach ihrer Abreise hat sich vieles verändert in Günlüce. Schon gleich bei seiner Ankunft staunt Ahmet über die neuen Lichtleitungen und über die vielen »deutschen Häuser«, die sich da, oft zwei Etagen hoch, mit weißgekalkten Fassaden, soliden Betonpfeilern und manche sogar mit Fernsehantenne auf dem Dach, zwischen den lehmbeworfenen Fachwerkhütten breitmachen, als hätte sich ein Stück Essen-Bredeney nach Anatolien verirrt. Diese fremd und monströs wirkenden Gebäude gehören den »Sarisin«, den »Blonden«, wie die Daheimgebliebenen die Dörfler mit Deutschlanderfahrung halb spöttisch, halb neidisch nennen. Die meisten Häuser sind halbfertig, Türen und Fenster mit Brettern vernagelt oder Ziegelsteinen zugestopft. Ihre Besitzer arbeiten noch in Deutschland und verdienen dort das Geld, das sie während des Urlaubs in den Neubau stecken. Die bezogenen »deutschen Häuser« bewohnen die für immer Heimgekehrten.

Seit Anfang der siebziger Jahre sind über 250000 türkische Gastarbeiter für immer in ihre Heimat zurückgekehrt. Viele mußten heim, weil sie durch die Wirtschaftskrise erst den Arbeitsplatz und dann die Aufenthaltsgenehmigung verloren hatten. Mancher ertrug das Heimweh nicht länger und packte deshalb die Koffer. Aber wie für Ahmet Üstünel war für die meisten Türken die Arbeit in der Fremde von Anfang an kein Dauerjob: »Wenn Geld genug, ich nix wie weg!«

Ali Isbilir, 31, zum Beispiel, kam vor zwei Jahren als einer der ersten aus der Bundesrepublik wieder heim ins Dorf. Fünf Jahre hatte er auf der Zeche »Monopol« in Kamen Stempel gesetzt. Für 80 Mark »Bettgeld« teilte er sich mit drei Landsleuten ein Zimmer im Ledigenwohnheim. Besuch nur mit Genehmigung des Heimleiters, Frauen war der Zutritt verboten.

Mit seinem ersparten Geld baute sich Ali, Vater von drei Kindern, ein Haus (»mein Eigenheim«) und eine Hühnerfarm für 2000 Tiere. Glaubt man den Nachbarn, dann ist Ali »ein großer Kapitalist, hat mehr Deutsch-Mark als Bäume Blätter«. Wäre es Winter, hätten sie recht, denn inzwischen hat der Rückkehrer jeden Pfennig seiner ersparten 40000 Mark in seine Farm investiert, und ohne einen Bankkredit müßte er seine Hühner notschlachten. Die Preise für Grundstücke und Baumaterialien, für Tiere und Futter sind in der letzten Zeit steil gestiegen – nur die Eierpreise blieben stabil-niedrig. In den letzten sechs Jahren hat sich die Zahl der Hühnerfarmen im Bezirk verhundertfacht – statt sechs gibt es jetzt sechshundert. Sie gehören fast ausnahmslos zurückgekehrten Gastarbeitern.

Trotz aller Geldsorgen pflegt Ali das Image des Erfolgreichen. Er trägt nur Hosen mit messerscharfer Bügelfalte, fährt seinen Fiat – ohne Führerschein! – täglich einmal durch das Dorf, und wenn er im Deutschlandfunk hört, daß Borussia Dortmund gewonnen hat, dann schmeißt er im Caféhaus eine Runde Tee. Für Ali ist die Bundesrepublik »beste Land der Welt: schöne Straßen, Bahnhof sauber, Menschen fleißig«. Schlechte Erfahrungen hat er bei uns angeblich nicht gemacht. Jede Form der Diskriminierung würde in Günlüce als Schande empfunden werden, und so prahlt der schlaksige Türke: »Alle Deutschen meine Freunde!« Seitdem er wieder in der Türkei lebt, sieht Ali sein Dorf mit anderen Augen. »Hier viel schmutzig, Leute sind faul, nur trinken Tee«, sagt er, als hätte er die deutschen Vorurteile gegenüber seinen Landsleuten mit Löffeln gefressen, »ich immer fleißig, ich Hühner organisieren.«

Gegen Ende der sechziger Jahre hatte auch Ali Isbilir den ganzen Tag im Caféhaus gehockt und den zuckersteifen Türkentee geschlürft. Damals wurde die Braunkohlengrube »Deyirmiras«, 30 Kilometer vor Günlüce, stillgelegt, und Ali saß mit 5000 Kumpeln auf dem trockenen. Gäbe es heute in dem 3000 Einwohner zählenden Dorf nicht 512 Männer, die keine Arbeit haben oder nur zur Erntezeit beschäftigt sind, wären auch die drei Cafés nicht dauernd überfüllt. Bis vor zwei Jahren hatten wenigstens die jungen Dörfler ein klares Ziel vor Augen: »Almanya!« Seitdem jedoch die Bundesrepublik den Anwerbestopp für

Gastarbeiter verhängte, bleibt nur noch die vage Hoffnung auf das Assoziierungsabkommen, das ihnen bis 1985 die volle Freizügigkeit in den Staaten der EG verschaffen soll. Dann würden noch einmal 500 bis 600 Männer das Dorf verlassen.

In der Türkei gibt es heute zweieinhalb Millionen Arbeitslose, und in jedem Jahr kommen durch das starke Bevölkerungswachstum noch einmal 160000 hinzu: Zwar kehren viele Gastarbeiter heim für immer, aber ein neues Heer wartet auf den Einzug in Essen, Stuttgart oder Berlin.

Als vor zehn Jahren die ersten Gerüchte über »das große Geld in Deutschland« die Gemeinde Günlüce aus ihrer anatolischen Schläfrigkeit gerissen hatten, da erhoffte der Gemeindevorsteher Osman Peker, 55, »die große Wende«. Inzwischen hat er einsehen müssen, daß »aus dem Norden nicht nur Licht, sondern auch Schatten in unsere Berge gefallen ist«. Zwar habe sich die wirtschaftliche Situation der Gastarbeiter verbessert, zwar sei mit den Wohnhäusern, Hühnerfarmen und Autos auch manches Neue nach Anatolien gekommen, aber für die Mehrheit der Bauern, die in ihrem Leben nicht viel mehr von der Welt gesehen haben als ihre Ziegen auch, ist die Lage nicht besser geworden. Bis auf die Baustellen der Privathäuser ist im Dorf noch kein einziger neuer Arbeitsplatz mit dem Kapital der Heimkehrer geschaffen worden.

Nur ganz wenige Gastarbeiter sind dem Rat der türkischen Regierung gefolgt und investierten einen Teil ihrer Ersparnisse in die Dorfentwicklungsgenossenschaften, die vor acht Jahren in 4000 Dörfern kraft Gesetz verordnet wurden. Die Regierung hoffte, daß dadurch neue Betriebe wie Molkereien, Gerbereien oder Ölmühlen entstünden und sich das Beschäftigungsangebot für die Landbevölkerung verbesserte. Doch die »Sarisin«, die »Blonden«, zeigten bisher wenig Interesse an gemeinwirtschaftlichen Projekten. Nachdem sie im Ausland auf der untersten Stufe der Sozialhierarchie die Dreckarbeit verrichten mußten, wollen sie nun Chef des eigenen Betriebes sein und sich von niemandem mehr herumkommandieren lassen. Da genügen schon ein Taxi oder ein paar Hühner, ein Lebensmittelladen oder eine kleine Reparaturwerkstatt.

Produziert wird kaum etwas, und da die Kaufkraft in der Türkei durch die Lohnüberweisungen der Gastarbeiter (1975: 1297 Millionen Dollar) erheblich gestärkt wird, das Wirtschaftswachstum aber stagniert, heißt die Folge: Inflation.

Zucker wurde in einem Jahr um 50 Prozent teurer, Tee kostete noch vor vier Monaten halb soviel wie heute, und die Bodenpreise liegen in Günlüce um 700 Prozent höher als 1971. Die Daheimgebliebenen können bei Inflationsraten von 40 Prozent und einem Durchschnittslohn von 850 türkischen Lira (130 Mark) im Monat nur den Gürtel enger schnallen.

Beim Krämer Mehmet Ince läßt sich eine Spaltung der Dorfgemeinschaft in kaufkräftige Devisenverdiener und ländliche Habenichtse am Warenangebot ablesen. Da gibt es neben den Grundnahrungsmitteln Hirse, Reis und Bohnen auch so exotische Produkte wie Schokolade und Nescafé, die werden nur von den »Sarisin« gekauft. Und nur wer in Deutschland gearbeitet hat, kann sich Hoffnungen auf die hübschesten Mädchen des Dorfes machen, denn Gastarbeiter, oder ihre Söhne, gelten als die guten Partien, von denen man bis zu 50000 Lira (9000 Mark) Brautgeld in Form von goldenen Armreifen verlangen kann.

Die Heiratschancen von Bekir Javuz, 18, sind jedoch gerade wegen seiner Auslandserfahrungen besonders schlecht. Drei Jahre lebte er bei seinen Eltern in Köln. Im vorigen Winter wurde er volljährig. Die Jugendbehörde in Köln strich das Kindergeld, und das Arbeitsamt verweigerte die Arbeitserlaubnis. Bekir blieb nur noch die Heimreise. In Köln trennte er sich aber nicht nur von seinen Eltern, sondern auch von Christina, seiner ersten großen Liebe.

Seitdem der Postbote vor vier Wochen einen Brief seiner Freundin durch ganz Günlüce getragen hat, will nun niemand mehr etwas von Bekir wissen. Denn Christina Nikolinakos ist Griechin, eine Tochter des Erzfeindes! Bekir traf die Reaktion seiner Landsleute wie ein Schock. »Isch versteh' die Leut nicht mehr«, sagt er in anatolischem Kölsch, »wat hat denn der Zypernkrieg mit meine Christina zu tun?«

Völlig unbegreiflich ist ihm auch, warum er überhaupt »in det Kaff hier« zurückgekehrt ist, ohne Ausbildung und ohne Arbeit. In Köln war er zwar auch arbeitslos, aber da gab es für den zum Städter gewordenen Dorfjungen immer was zu erleben: Schwarzfahren mit der Straßenbahn, in den großen Kaufhäusern rumstromern und am Freitagabend schwofen gehen mit Christina. »Hier in Günlüce ist doch nix los. Hier komm' isch mir richtig verjessen vor.«

Mehr als die Hälfte der knapp 600000 Türken, die 1975 in der Bundesrepublik lebten, waren jünger als 21 Jahre. Von den 141000 Schulpflichtigen unter ihnen blieben 54000 (39 Prozent) der Schule fern, viele verlassen die Hauptschule ohne Abschlußzeugnis. Wie Bekir Javuz werden auch sie eines Tages, ohne etwas gelernt zu haben und mit Identitätskonflikten beladen, in die Heimat ihrer Eltern zurückkehren und sich wie Fremde im eigenen Land vorkommen. Mehmet Yigit, 36, Lehrer in der 180 Schüler zählenden Dorfschule »Günlüce Ikkokula«, nennt diese zweite Gastarbeitergeneration »meine Sorgenkinder«. Im Unterricht seien sie unkonzentriert, »mit den Gedanken immer woanders«, und die in den türkischen Schulen gepflegte Disziplin ist ihnen fremd. Durch ihren Auslandsaufenthalt fühlen sie sich ihren Klassenkameraden zunächst weit überlegen. Aber sobald sich zeigt, daß sie nicht mehr richtig mit dem Esel reiten können, Angst vor Schlangen haben und nicht wissen, wie man Bachforellen mit der Hand fängt, da geraten sie schnell ins Hintertreffen und in die Isolation.

Seitdem Ibrahim Gözütok heimgekehrt ist, fühlt er sich »wie ein Mensch mit zwei Köpfen«. Das Dorf ist ihm zu eng geworden, von seiner Frau will er sich scheiden lassen. Nach sechs Jahren in Essen-Borbeck fühlt er sich zu Hause wie ein Fremder.

Der siebenjährige Fermer Üstünel, Ahmets ältester Sohn, sieht in seinem Dorf zum erstenmal eine Schule von innen. Doch schon nach dem ersten Schultag ist er von seinen Mitschülern enttäuscht. Mit Tränen kommt er nach Hause. Sein Nachbar in der Klasse hat ihm den schönen Vierfarb-Kugelschreiber mit den Worten weggenommen: »Dein Vater kann dir ja einen neuen kaufen.«

Besondere Sorgen macht sich der Lehrer um die 50 »Halbwaisen«, wie er jene Schüler nennt, deren Väter zur Zeit im Ausland arbeiten. Sie wachsen meist bei ihren Müttern und Großeltern auf und werden so von jenen erzogen, die nicht einmal den eigenen Namen schreiben können. (Die türkische Analphabetenquote liegt bei 58 Prozent.) Die Leistungen dieser Kinder fallen ab, wenn der Vater länger als ein Jahr von zu Hause fort ist. Immer öfter machen sie keine Schularbeiten und fehlen unentschuldigt, weil sie ihren Müttern auf dem Feld helfen müssen. »Diese Kinder«, sagt Mehmet Yigit, »bezahlen das wirtschaftliche Überleben ihrer Familie mit der eigenen Zukunft.«

Aber auch ihre Eltern müssen einen hohen Preis zahlen: Ibrahim Gözütok, der Vater des Abc-Schützen Mehmet, 7, lebte sechs Jahre

»weit hinter den Bergen« im fernen Essen-Borbeck. Er arbeitete dort in einer Aluminiumfabrik und schickte jeden Monat 100 Mark Haushaltsgeld an seine Frau Uman. 400 Mark gingen auf das Sparbuch. Dreimal kam der 30jährige Gastarbeiter zu Besuch in sein Dorf, und sein Sohn begriff dann immer von neuem, wen Mutter eigentlich meinte, wenn sie von »Baba« sprach. Ibrahims Wunsch, seine Familie nach Deutschland zu holen, scheiterte an Großvater Hussein, 55, der als strenggläubiger Moslem und zweimaliger Mekka-Fahrer verbot, daß sein Enkel in der christlichen Fremde erzogen wird. Und da in Günlüce gilt, was der Großvater sagt, blieb die Familie getrennt, bis in Essen dem Lagerarbeiter Gözütok gekündigt wurde. Ibrahim kehrte heim, und nun fühlt er sich »wie ein Mensch mit zwei Köpfen«. Er vergleicht Günlüce mit Essen-Borbeck, vermißt die Anonymität der Großstadt (»Leute sprechen schlecht, wenn man nicht in Moschee geht«) und droht seiner Frau mit der Scheidung, wenn sie nicht bald lesen und schreiben lernt. Es ist ihm peinlich, wenn sie uns das Essen, wie in der Türkei üblich, auf ebener Erde serviert, und als sie sich weigert, mit uns Fremden zu sprechen, gibt er entschuldigend zu verstehen: »Sie kennt große Welt nicht.«

Ibrahim Gözütok glaubt den Konflikt mit seiner eigenen Herkunft nur durch die Flucht in die Stadt lösen zu können. Ähnlich haben schon viele »Sarisin« empfunden. Von den 40 Heimkehrern aus Günlüce lebt die Hälfte in den Städten der West-Türkei. Veli Cinar, 29, ein Hirte, ist heute der Boß einer Bäckerei in der Kreisstadt Emet. Ramazan Caliscan, 42, wollte nach fünf Jahren im Pütt nicht mehr in seinen Schafstall, fährt nun Taxi in der Bezirkshauptstadt Kütahya und handelt gelegentlich auch mal mit »Afyon bithisi«, mit Rohopium, das er den Bauern abkauft. Ali Atmaca, 40, hat es nicht gewagt, in sein Dorf zurückzukehren, nachdem er einst nach Deutschland zog, »um nie wieder arm zu sein«. In Frankfurt kam er nicht zurecht, die Hektik, der Lärm, »und keiner sagt einem Merhaba« – Guten Tag. Ali geriet unter die Räder (Genaues erzählt er uns nicht) und wurde schließlich ausgewiesen. Ohne einen Pfennig in der Tasche wagte er nicht, sich im Dorf blicken zu lassen. Er ging nach Istanbul, wo er noch heute in einem der riesigen »Gecekondos«, den Slums, lebt und abends vor den Kinos Erdnüsse verkauft.

Der große Türken-Treck nach Europa hat das soziale Gefüge Günlüces tief erschüttert. Völlig unvorbereitet müssen die Bauern und Hirten mit den kaum berechenbaren Rückwirkungen der Arbeitsemigration fertig werden. Hilflos sind sie den wirtschaftlichen Gesetzen einer Welt ausgesetzt, die nicht die ihre ist. Das Dorf gerät aus dem Lot. Und die Folgen sind überall sichtbar: An der Totenbahre des 65jährigen Ahmet Gündus etwa, dem Vater von zwei Söhnen, die in Dortmund bei Hoesch arbeiten. Der altersschwache Mann glaubte, seine Weide ohne die Hilfe seiner Söhne nur noch mit der Schrotflinte gegen das Vieh des Nachbarn verteidigen zu können. Aber der Nachbar schoß schneller, und Ahmet Gündus mußte sterben.

Sichtbar sind die Folgen auch beim zwölfjährigen Hassan. Am ganzen Körper zitternd steht er ohne Hose neben einem mit bunten Kissen geschmückten Bett und wimmert vor sich hin. Vor ihm hockt ein graubärtiger Mann. In seiner Rechten hält der Alte ein blankes Rasiermesser, in seiner Linken das Buch Moses (Moses wird als Prophet Mussa auch vom Islam verehrt). Laut liest er vor: »Und Gott sprach zu Ebrahim: Ihr sollt aber die Vorhaut an eurem Fleisch beschneiden. Das soll ein Zeichen sein des Bundes zwischen mir und euch« (Moses 1, Kapitel 17, Vers 11). Normalerweise werden die Jungen in der Türkei im Alter zwischen zwei und sechs Jahren beschnitten, und die Beschneidung, »Sünnet« genannt, wird da noch nicht als eine traumatische Bedrohung empfunden. Doch Mehmet, der Vater von Hassan, arbeitete fast acht Jahre in Deutschland, und sein Jahresurlaub war immer viel zu kurz, um eine richtige, mit viel Pomp gefeierte »Sünnet« zu organisieren. Erst jetzt, nach seiner endgültigen Heimkehr, kann das Fest steigen: Geschenke und bunte Kleiderstoffe werden gekauft, das Haus wird mit Blumen geschmückt, und für die über hundert Freunde und Verwandten kochen die Frauen schon Tage im voraus. Aber jetzt ist Hassan kein kleines Kind mehr, sondern fast schon ein junger Mann. Als der »Sünnetçi«, der Beschneider, die Klinge ohne Betäubung zum Schnitt ansetzt, da treibt Kastrationsangst Hassan fast zur Panik, und der Vater muß ihn mit beiden Armen festhalten, damit der Bund mit Gott endlich geschlossen werden kann.

Am härtesten treffen die Folgen der Fremdarbeit die Familien Aslan, Korkut und Altei, deren Oberhäupter Mustafa, Ömer und Ibrahim bei Grubenunglücken ums Leben kamen. Mit dem Sarg erhielten die Angehörigen einen Brief der Zechenleitungen, in dem »tiefes Bedauern« zum Ausdruck gebracht wird. »Türken machen bei uns die schwersten Arbeiten, und sie müssen da mehr riskieren«, sagt Josef Overkott, Personalchef bei der Ruhrkohle AG. Die Witwen in Günlüce bekommen von der Knappschaft 900 bis 1200 Mark Sterbegeld im Monat, und 12 Kinder wachsen ohne Vater auf, den die meisten nie mit Bewußtsein gesehen haben.

Als wir uns nach zehn Tagen von Ahmet Üstünel verabschieden, da ist der kleine drahtige Türke noch voller Zuversicht. Er ist nun jemand in Günlüce, dies spürt er überall. Der Dorfvorsteher kam zur Begrüßung in sein baufälliges Haus, das Ahmet bald durch ein neues ersetzen will. Im Café hört man ihm zu, wenn er von Deutschland erzählt, von den guten Straßen, den sauberen Bahnhöfen und den fleißigen Menschen. Aber ihn zieht es nicht in die Stadt, denn er liebt seine Berge und will das bleiben, was er war: ein Bauer. Ahmet hofft, daß er auf der Zeche

»Franz Haniel« genug verdient hat, um sich neben dem Haus auch noch besseren Boden und kräftigere Ziegen kaufen zu können. Mit seinem neuen McCormick 624 Diesel wird er nun auch das Land seines alten Vaters und gegen Bezahlung die Felder von anderen Bauern bearbeiten. Auf die Frage, was aber geschieht, wenn der Traktor eines Tages kaputt ist, weiß Ahmet nur eine Antwort: »Insaalah.«

Die Letzten ihrer Zunft (Dezember 1976)

Nichts an ihnen scheint zeitgemäß, und schon die Namen ihrer Berufe passen heute eher in ein Poesiealbum als ins Branchenbuch der Bundespost. Sie sind Blumenmacher, Strohschuhflechter, Reifschneider, Zigarrendreher, Schwertschleifer oder Flußfischer, und bei manchem hat der ererbte Beruf sogar den Hausnamen geprägt:

»Krummholzer« sagen die Bauern aus Bernau im Schwarzwald zum Wagner Max Winkler, »Meister Bläu« wird der Blaudrucker Reinhold Wittram in Einbeck genannt, und Albert Hartmann, Hammerschmied im Allgäu, heißt vermutlich Hartmann, weil seine Vorfahren schon im Mittelalter das Eisen beim Schmieden gehärtet haben.

Sie alle gehören zu den Letzten ihrer Zunft. Obwohl ihr Handwerk schon lange nicht mehr auf goldenem Boden steht, halten sie doch trotzig und stolz an ihrer alten Arbeit fest, versuchen dem industriellen Fortschritt so gut es geht die Stirn zu bieten, und für manchen von ihnen macht sich die Treue zum Beruf seit kurzem auch schon wieder bezahlt.

Überleben konnten sie meist nur an den wirtschaftlich zurückgebliebenen Rändern der Republik, in gottverlassenen Dörfern, die wir auf unserer 4000 Kilometer langen Reise in die Vergangenheit immer wieder vergebens auf unserer Straßenkarte suchen müssen.

Tief in den Allgäuer Bergen, irgendwo zwischen den Orten Hindelang und Bad Oberdorf, treffen wir den Hammerschmied Alfred Hartmann, 76, einen Mann wie ein Fels, den 60 Jahre Schwerarbeit bei Kräften gehalten haben. Die speckige Lederschürze um den Bauch, steht er an der Feueresse seiner 400 Jahre alten Werkstatt und wuchtet die Eisenstücke in die Glut. Hier im Allgäuer Ostrachtal haben die Hartmänner schon im Jahre 1511 über 1000 Landsknechtsspieße für Kaiser Maximilian geschmiedet, das Stück für zwei Kreuzer. Die alten Werkzeuge und Maschinen sind noch heute in Betrieb, und wie im Mittelalter liefert der Bach, der am Haus vorbeifließt, die Energie für die Werkstatt. Der Schmied braucht nur an einem Hebel zu ziehen, schon öffnet sich draußen im Wasser eine Schleuse, das große moosbewachsene Wasserrad beginnt sich schwerfällig zu drehen, und in der Hammerschmiede gerät plötzlich alles in Bewegung: Die dreizentnerschweren Eisenhämmer fahren in wildem Stakkato auf die Ambosse nieder, daß die Wände wackeln. Der hundertfach geflickte Blasebalg aus Rindsleder holt röchelnd Luft und fällt pfeifend in sich zusammen. Nebenan kreisen zwei mannshohe Schleifsteine wie von Geisterhand getrieben – ein uraltes technisches Wunderwerk von simpelster Mechanik, das sich im Rhythmus der Natur bewegt. Im Frühjahr nach der Schneeschmelze dreht sich das Wasserrad bis zu 35mal in der Minute. Dann ist beim Hartmann

Hochbetrieb. Während der Sommermonate, wenn der Bach nur spärlich fließt, kann sich der alte Schmied ganz um seinen Garten, die Kuh und seine Bienen kümmern – ein natürlich lebender Mensch.

Von den neuen Maschinen will er denn auch nichts wissen: »Die tind ja nix wie verrecke. Mei Sach hend mine Väter gmacht, die läufet seit Jahrhünderte, koschte nix und wenn amol a Reparatür kutt, des machet i seal.« So haltbar wie das Schmiedewerkzeug sind auch die Erzeugnisse des Hammerwerkers. Nach der Erfindung des Schießpulvers mußten sich die Schmiede von Landsknechtsspießen und Hellebarden auf Bratpfannen, Schaufeln, Äxte und Rindenschäler umstellen, die noch heute bei den Allgäuer Hausfrauen und Waldarbeitern als unverwüstlich gelten. Doch trotz ihrer guten Arbeit haben über sechzig Hammerschmiede seit dem Anfang des Jahrhunderts in Ober- und Niederbayern ihre Werkstätten schließen müssen. Der Druck der Industrie war so groß, daß selbst die Söhne der Schmiede lieber nach Sonthofen in die Fabrik gingen, als in der »Schrottbude« ihrer Väter zu arbeiten.

Neben Albert Hartmann halten heute noch vier Hammerschmiede im Ostrachtal ihre Zunft am Leben, die einst das Allgäu zur »Waffenkammer des Reiches« machte. »Aber so long mir no do sind«, sagt Hartmann, »so long wird die schmiedeeiserne Sach it üntergang. Mir sind fria Litt, und fria Litt gheret it i Fabrik. Mir kennet schaffe so long wie's freut: Mal 14 Stünd an eim Stück, oder ö amol gar nix den ganzen Dag, wenn's Bier gar s'güet schmeckt. Mir sind isra eigener Herr, und deshalb sim'r ö d'Hammerschmied.«

Der Stolz auf die eigene Zunft, und zudem die viel zu kleine Rente halten auch Max Winkler, den letzten Wagner von Bernau im Schwarzwald, trotz seiner 73 Jahre noch immer an der Hobelbank. »Früher, als i Gsell war«, erinnert er sich, »do ging ohne üs Wagner rein gar nix in Bernau. Mir hän die schwere Ochsekarre zugrichtet, die wenige Heuwage und die Langholzschlitte, wo vo zäh Gäul zoge wurde, daß es a Freud war«. Die Spezialität der Winklerschen Werkstatt war damals die Radanfertigung. »Dafür war kei Holz guet gnueg. Harte aschtfreie Eiche, langsam gwachse und mindescht fünf Johr glagert, des war öpis rechts für d'Speiche. Us Nußbaum oder Ahorn hän mir d'Radnarb dreht und d'Felge warn us strohtrockener Esche«. Weil sich für die Felgenherstellung krummgewachsenes Holz besonders gut eignete, deshalb hießen die Winklers in Bernau »die Krummholzer«.

Schon seit einigen Jahren hat Max Winkler keine Räder mehr gebaut, denn das gummibereifte Metallrad konnte sich auch hier im Dorf inzwischen durchsetzen. Aber mit der gleichen Sorgfalt und Liebe macht der Krummholzer heute die Stiele für Hacken und Äxte. Im Winter baut er auf Bestellung Kinderschlitten mit hochgeschwungenen Hornkufen, wie wir sie nur noch aus alten Märchenbüchern kennen. Gelegentlich überholt er auch die Holzkarosserie eines Bugatti, Baujahr 1928, den ein

Mit Spaltstock und Messer: Der Reifschneider. Ein früher im Schwarzwald verbreitetes Handwerk übt heute einsam Hermann Ries, 55, aus. Statt zum Faßbinden werden seine biegsamen Haselnußstöcke heute nur noch zum Kranzbinden verwendet.

Autonarr aus Freiburg immer zu ihm bringt, bevor der TÜV fällig ist. Außer Max Winkler kann hier weit und breit niemand mehr einen Kotflügel aus Holz nachbauen, und das versöhnt den Krummholzer ein bißchen mit der neuen Zeit. Seine beiden Söhne Max, 35, und Franz, 31, sind längst in die Fabrik abgewandert und verdienen dort mit einem Stundenlohn von 9,50 Mark etwa doppelt soviel wie ihr handfertiger Vater. »Aber's Geld is' einzig, was die hän bi selere Arbeit. Die müen im Möbelwerk Tisch mit der Maschin zämmeschrube – jede Tag acht Stund, und ihr geschit Handwerk vergesse sie bi so a spröde Schafferei, daß i en Zorn krieg. Die verliere s'Gfühl für d'Sach, und ohne s'Gfühl is doch kei Freud debi.«

Dieses »Gefühl für d'Sach«, diese persönliche Beziehung zur Arbeit, ist für Wagner Winkler so wichtig, »wie die Luft zum Schnaufe«. Er weiß, ob der Baum, den er verarbeitet, auf der Sonnenseite des Berges stand oder im Schatten. Er kennt den Kunden, für den er die Harke oder den Axtgriff herstellt, und deshalb wählt er für den Maier Ludwig, den linkshändigen Bergbauern, einen Sensenstiel mit Rechtsschwung. »I seh woher's kummt und weiß wohin's got«, sagt er, und genau diese Sicht und dieses Wissen fehlen seinen Söhnen in der Fabrik.

Nach unserer Begegnung mit Hammerschmied Hartmann und Wagner Winkler beschleicht uns ein merkwürdiges Gefühl der Wehmut. »Wo gewann die liebenswerte Innigkeit des deutschen Gemütes und die opferungsvolle Hingabe an frei erwählte Pflicht ihren höchsten Ausdruck?« fragen wir mit Gustav Freytag und wundern uns über uns selbst. »Sie gewann ihn in der Werkstatt, wo der kleine Mann meißelte, schnitzte, in Form goß und mit Zirkel und Hammer bildete«. Es hat wirklich etwas Anheimelndes, wenn man in so eine Werkstatt tritt: Hier liegt alles an seinem Platz, hier haben sich die Dinge »seit Jahrhünderten« bewährt, hier steht nichts im Zweifel. Eine in sich ruhende Oase in hektischer Zeit.

Erst die Bekanntschaft mit dem Reifschneider Hermann Ries reißt uns aus unseren Träumen von der guten alten Zeit. In seiner Werkstatt im verschlafenen Dorf Oberwolfach nordöstlich von Freiburg brennt abends um neun Uhr noch Licht. Unter einer trüben Lampe hockt der kleinwüchsige Mann krummbucklig auf einem hölzernen Bock und spaltet mit einem Ziehmesser meterlange Haselnuß-Äste.

Als wir ihn anreden, reagiert er zunächst überhaupt nicht. Erst nach einer Weile sagt er etwas mit kehliger Stimme, und wir haben Mühe, ihn zu verstehen. Hermann Ries ist das Sprechen nicht mehr gewöhnt. An Kaspar Hauser wird sofort denken, wer dem Reifschneider begegnet. Vierzehn Stunden am Tag spaltet Ries mit immer gleicher Bewegung, die an schlimmste Fließbandarbeit erinnert, das harte Rundholz in schlanke Streifen. Er bekommt dafür von seinem Arbeitgeber, dem Großbauern Gottfried Dieterle, 20 Mark Tagegeld, mittags eine heiße Suppe und nachts eine Pritsche zum Schlafen – Lebensbedingungen wie im Gefängnis.

Zu Reifen gebogen verkauft der Bauer die Holzstäbe dann für gutes Geld an Gärtner und Blumenhändler, die daraus Kränze machen. Früher verwandten Molkereien und Schlachtereien die Haselnußreifen zum Binden der Käse- und Pökelfleischfässer.

Weil Hermann Ries noch nie in seinem Leben Urlaub machen konnte, hängen in seiner Werkstatt ersatzweise viele bunte Kalenderblätter mit Motiven deutscher Landschaften. Am Sonntag, wenn das streng katholische Dorf den Feiertag heiligt, sitzt der Reifschneider auf seinem Bock, dem »Schnittesel«, und betrachtet Schloß Schwanstein und die Lüneburger Heide.

Nebenberuflich ist Ries auch noch Totengräber von Oberwolfach, und deshalb fand er es ratsam, Mitglied der CDU zu werden, »daß die mich im Omt nit fuchse«. Doch als Schlußlicht der gesellschaftlichen Rangordnung seiner Gemeinde stand für den Verlierer Ries schon immer fest, wen er zu wählen hat: »Die, die nit gwinne kenne.«

Weit unten in der sozialen Hierarchie der Schwarzwalddörfer standen früher auch die Strohschuhflechter. Wer keinen Hof erben konnte oder unehelicher Abkunft war und nicht den Mut hatte auszuwandern, dem blieb dann oft nur das Flechten. Karl Trenkle brachte vor 40 Jahren das Strohschuhflechten auch seiner Frau Elisabeth bei, weil er mit seinem Gleisarbeiterlohn der Reichsbahn die fünfköpfige Familie nicht satt bekam. »Des hätt bi minem Karl so in der Familie glege«, erinnert sich Elisabeth Trenkle an ihren Mann, der vor zwei Jahren starb. »Die Trenkles hän nebe de Gais und dene paar Kieh immer schu Strau gflochte, damit in d'Kruttsuppe am Sonndig ä Stück Speck niekomme isch.«

Strohschuhe galten damals bei der armen Schwarzwälder Landbevölkerung als die wärmsten und zugleich billigsten Hausschuhe, und mancher ältere Bauer kann sich bis heute nicht an die neumodischen Filzpantoffeln gewöhnen, die nicht nur häßlich, sondern obendrein auch teuer sind. Witwe Trenkle macht ein Paar Strohschuhe für 20 Mark (bis Schuhgröße 43) und muß dafür rund vier Stunden kräftig zupacken: Das Stroh wird im Keller zunächst gebündelt, ausgekämmt, beschnitten und weichgeschlagen. Dann kommt es kurz in ein Wasserbad und wird mit Füßen getreten, damit es sich besser flechten läßt. Für ein Paar Schuhe braucht die Flechterin einen drei Meter langen Zopf, den sie in ihrer winzigen Stube mit grober Nadel und festem Zwirn im Kreis um einen

In ihrer Stube: Die Strohschuhflechterin. Landleute trugen einst Pantoffeln aus Roggenstroh. Elisabeth Trenkle, 62, aus Wolfach im Schwarzwald, blieb der Familientradition treu: Nichts wärmt besser als Strohschuhe, sagen die alten Bauern noch heute.

stoffbespannten Holz-Leisten näht. Diese Technik stammt vermutlich von den Mönchen der Schwarzwälder Klöster, die schon im Mittelalter Bienenkörbe aus Stroh flochten. Daher nennen die Bauern ihre Strohschuhe noch heute »Finken«, eine Ableitung des mittellateinischen Wortes »Ficones«, was übersetzt »Schuhe« heißt. Gepolstert wird der Strohschuh seit eh und je mit Stoffresten alter Kleider, manchmal auch mit Wolle, und nur bei der Besohlung hat sich die Neuzeit durchgesetzt: Elisabeth Trenkle verarbeitet nicht mehr Pech, sondern alte Autoschläuche oder abgefahrene Fahrradreifen. »Umkumme dut bi mir do nix, mir sin sparsomi Lütt«.

Trotz scharfer industrieller Konkurrenz kann sich die Schuhflechterin seit einigen Jahren vor Zuspruch kaum mehr retten. Neben ihrer alten Stammkundschaft klopfen die Touristen bei ihr an und bitten um »Finken«. »I könnt hit schaffe bis i hundert bin, so viel Ufträg sin do«, freut sich die 61jährige und überlegt, ob sie nicht der Tochter vom Bauern Schultis, die keine Lehrstelle bekommen hat, das Flechten beibringen soll. »Dann hätt der Strohschuh wieder ä Zukunft.«

Zukunftshoffnungen kann sich in letzter Zeit wieder so mancher alte Handwerker machen, der sein Gewerbe längst unter die Räder der Industrie gekommen glaubte. Nach über dreißig Jahren Flaute mußte Reinhold Wittram, 76, einer der drei letzten deutschen Blaudrucker, wieder neue Arbeitskräfte einstellen, um einer »Lawine aus heiterem Himmel« gewachsen zu sein. Selbst aus dem Ausland schicken die Kunden zentnerweise handgewebtes Leinen aus Großvaters Zeiten zu der 300 Jahre alten Färberei nach Einbeck im Solling, damit es der »Meister Bläu« mit seinen historischen Druckformen einfärbt. Selbst deftige Preise und Lieferfristen bis zu drei Jahren können da nicht schrecken.

Der Zigarrendreher Hermann Hölscher hat in seiner westfälischen Heimatstadt Bünde lange mehr schlecht als recht gegen die 18 Zigarettenfabriken am Ort standhalten können, in denen Automaten jährlich fast eine Milliarde Zigarren ausspucken. Die Produktion des Achtzigjährigen ist da vergleichsweise bescheiden: 50 Zigarren schafft er pro Tag, wenn die Bandscheiben mitmachen. Aber Hermann Hölscher ist trotz dieses scharfen Wettbewerbs praktisch ohne Konkurrenz, denn seine »Schwarze Rose«, »St. Felix Brasil« oder die Sorte »Favorit« sind alle handgemacht, und das schmeckt man schon beim ersten Zug. »Ich verarbeite keine gepreßten Substanzen als Umblatt wie die Großen, und hier läuft auch keine dunkle Java als helle Brasil. Zigarrenkauf, das ist Vertrauenssache, und bei mir weiß der Raucher, woran er ist!« Die Nachfrage nach Selbstgedrehten, die früher wie die Strohschuhe von der armen Landbevölkerung in Heimarbeit hergestellt wurden, nimmt ähnlich stürmisch zu wie auf dem Zigarettenmarkt. Bei Hölscher stehen die Leute vor allem in den Wochen vor Weihnachten Schlange, aber der gepflegte Zigarrendreher sucht sich seine Kunden so sorgfältig aus, daß es uns nicht gelingt, ihm eine Kiste Brasil abzukaufen. »Ich verkaufe nur an wirkliche Zigarrenraucher, die das Stück richtig rund zu rauchen verstehen«, sagt er uns Gelegenheitsrauchern, »an Genießer, die keine Galoppzüge machen und die sich auch die Zeit nehmen, mit der Zigarre zu spielen«.

Dagegen nimmt es der Schwertschleifer Heinz Grah aus Solingen mit der Auswahl seiner Auftraggeber nicht so genau. Er schleift die Säbel für die Offiziersanwärter der amerikanischen Kadettenschule West Point, beliefert die Schweizergarde des Vatikan und rüstet nun auch die Generalität der Ugandischen Streitkräfte mit scharfen Klingen aus. Burschenschaften schlagen sich mit den von ihm geschliffenen Waffen, Prinz Bernhard und der Schah von Persien bekamen bei Staatsbesuchen in der Bundesrepublik Ehrensäbel überreicht, die der Schwertschleifer mit seinem riesigen Schleifstein auf Hochglanz gebracht hatte wie vor dem Krieg das Hochzeitsgeschenk der Luftwaffe an Göring: ein feuervergoldetes Schwert mit massivem Elfenbeingriff, das jüngst bei einer Versteigerung in den USA für 200000 Dollar unter den Hammer kam. »Die kalte Waffe, das Symbol der Manneskraft, ist heute wieder so gefragt wie seit dem Dritten Reich nicht«, sagt Heinz Grah und findet es bedauerlich, daß die Bundeswehr den Offizierssäbel nicht eingeführt hat wie »drüben die Kollegen von der Volksarmee«.

Ein von restaurierendem Zeitgeist ähnlich beflügeltes Geschäft verspürt auch Reinhold Wiesler, einer der letzten Schindeldachdeckermeister des Schwarzwaldes, so daß »i kaum no Zit han für mine Küh«. Nachdem die Eternitplatten als Dach- und Wandverkleidung Hunderte von Schindelmachern in Süddeutschland arbeitslos und viele bunte Dörfer zu grauen Zementwüsten werden ließen, regt sich nun wieder das Bedürfnis nach der handgeschnitzten Holzplatte. »Die Lüt sän langsam i, dasch's Eternit tot isch wie a Mondlandschaft«, sagt der schnauzbärtige Alemanne. »En richtge Schindelpelz ums Hus aber, des isch opis Lebendigs: Erst is er butterweiß, dann wird er mitm Wetter silbergrau, kriegt auch a Hieb ins Brune, und's Dach setzt nach viele Johr Moos a, und e grüne Schatte goht drüber.«

Vor allem die Städter, die sich auf dem Land alte Höfe gekauft haben, besinnen sich auf das herkömmliche Schindeldach, das sich der Landschaft so anpaßt wie im Siegerland der Schiefer, an der holsteinischen Küste das Reet, im Weserbergland der Buntsandstein oder in Franken der Ziegel. Die »Stadtfräcke« zahlen einen vergleichsweise hohen Preis für die geschindelten Dächer und müssen teure Zusatzprämien mit der Feuerversicherung abschließen. »Aber dann hät ma 50 Johr opis Guets überm Kopf«, sagt Wiesler, »und jeden Tag sei Freud dran.«

Die Liste fast schon ausgestorbener Berufe, die nun zu einer neuen Blüte kommen, ist lang: Korbflechter, Holzschuhmacher, Glockengießer, Köhler, Tonpfeifenbäcker – alle haben sie wieder so viel zu tun wie schon lange nicht mehr. Für Günther Simons, den Leiter des Amtes für Rheinische Landeskunde in Bonn, ist die Lust am ursprünglichen Werkstück Ausdruck der Übersättigung an Technik und bedingungslosem wirtschaftlichem Fortschritt, unter der die allermeisten Industriemenschen leiden. »Wer ständig von Maschinen mit immer neuen Verbrauchsgütern beliefert wird, die sich meistens nur in formalen Scheinkorrekturen von den auslaufenden Produkten unterscheiden, der ist fasziniert von einem geflochtenen Weidenkorb oder einem schlichten irdenen Einmachtopf, denen beiden jahrhundertelanger Gebrauch zur endgültigen Form und gleichzeitiger ästhetischer Qualität verholfen hat.«

Solche Rückbesinnung auf schlichte, aber gewachsene Werte helfen freilich dem alten Mann nicht weiter, der mit schwerem Tritt über die Dorfstraße des kleinen Ortes Weisweil am Oberrhein radelt. Im rechten Arm hält er einen großen Blecheimer. Im Gepäckträger hat er zwei Weidenruten und ein Knäuel grüner Plastiknetze eingeklemmt: Rheinfischer Georg Klank, 76, ist auf dem Weg zur Arbeit.

Wie jeden Morgen fährt er zu den alten Fluß-Armen des Rheins, die sich hier parallel zum Hauptstrom durch feuchte Auwälder ziehen. An drei dicken Silberweiden steigt er vom Rad. Hier liegt sein Fischerkahn, der »Trüborde«, und hier lebt auch Hans, der alte Schwan, der vor Jahren durch einen Telegraphendraht seinen rechten Flügel verlor und seitdem von Georg Klank mit Küchenresten über Wasser gehalten wird. Nach der Fütterung steigt der Fischer mit uns ins Boot und stakt gegen die schleichende Strömung flußaufwärts. Wir gleiten durch weiße und rote Seerosen, Haubentaucher und Rohrdrosseln flüchten in die Schilffelder, am Ufer quaken Frösche – auf den ersten Blick eine stille, ungestörte Welt.

Nach einer sanften Biegung beugt sich der Fischer über den Bug und greift nach einem Stellnetz, das er langsam an Bord zieht. Nur ein paar Plötzen und Schleien haben sich in den Maschen verfangen. »Früher wo's Wasser no heil war, do häm mir z'zweit mit'm Sohn d'Netz ihole miese, so gschtopft voll sind si gseh mit Fisch«, sagt Georg Klank. »Heit vergifte die Dräckspatze unsern Rhin und wir Fischerslit gehn vor d'Hund.«

Noch in den frühen fünfziger Jahren fingen die Berufsfischer aus Weisweil im Rhein viele hundert Zentner pro Jahr, und von Freiburg bis tief ins Elsaß hinein galt Rheinfisch als Leckerbissen. Heute bleiben die Netze oft leer. Von den 60 Fischarten haben nur knapp 20 die Flußverseuchung durch Industrie und Abwässer überlebt. Zander, Barben oder Seiblinge sind ausgestorben, Hechte gehen stark zurück. Der letzte Lachs, der sich von der Nordsee bis zum Oberrhein durch die Chemie-Kloake kämpfen konnte, ging den Fischern hier 1967 in die Falle. Er schmeckte »wie BASF«.

Daß es überhaupt noch Leben im Fluß gibt, ist der kostspieligen Hege

16 Handgriffe für ein Brötchen: Der Bäcker. Die Letzten ihrer Zunft sind sie noch nicht, aber Vater und Sohn Karsch, 74 und 41, aus Münster, haben begriffen, wie man Brotfabriken widerstehen kann: Rein handwerkliche Backweise und Erfüllung von Kundenwünschen – das macht sich wieder bezahlt.

der Fischer zu verdanken, die Hunderttausende von künstlich ausgebrüteten Jungtieren im Altrhein ausgesetzt haben. »Rich ware duet niemand vom Rhin«, sagt Georg Klank. »Aber für uns ischt des Fische heilig, des brüche mir all zum Labe.«

Als unübertrieben »lebensbedrohend« empfindet deshalb die Weisweiler Fischerzunft den geplanten Bau eines Atomkraftwerkes in Wyhl, dessen Standort in Sichtweite von ihren Fischgründen liegen soll. Da es die Fische immer in die warmen Gewässer zieht, würden sie sich nach der Fertigstellung des Kernkraftwerkes besonders im erwärmten Kühlwasser des Reaktors tummeln und auf diese Weise verseucht werden, fürchten die Fischer. Unterhalb des Kernkraftwerkes Obrigheim, 200 Kilometer flußaufwärts, wurden schon Fische gefangen, die genetisch schwer gestört waren: Die Flossen saßen an der falschen Stelle, die Augen waren verschoben, und manche hatten am ganzen Leib offene Geschwüre. »Das KKW, des isch unser Grabstein«, sagt Klank, und deshalb steht die Weisweiler Zunft, der Kaiser Karl VI. im Jahre 1652 die Fischrechte verliehen hat, in der ersten Reihe beim Kampf gegen das Kernkraftwerk.

So führt unsere Reise von der handwerklichen Vergangenheit unversehens hinein in atomare Gegenwart. Die Verteidigung unzerstörter Umwelt wird durch eine allgemeine Sehnsucht nach mehr Natürlichkeit und Ursprünglichkeit gestärkt. Und häufig sind es gerade die »Fortschrittlichen«, die sich heute zurückbesinnen: Im makrobiotischen Lebensmittelladen »Schwarzbrot« in Hamburg wird ein Spinnrad unter dem Porträt Michail Bakunins für 320 Mark angeboten. Eine Landkommune in Schleswig-Holstein baut wieder Weiden an, um Körbe und Truhen zu flechten. In Holland beginnen einige Volksschulen damit, Jugendlichen beizubringen, wie man Holzschuhe schnitzt, Wolle spinnt, Ton formt und Kerzen zieht. Handarbeiten gewinnt wieder an Wert – ideell und auch materiell, wenn es zur gefragten Dienstleistung wird.

Deshalb gewinnt auch Bäcker Ferdinand Karsch, 41, aus Münster wieder Mut, sich unverdrossen gegen die großen Brotfabriken zu behaupten, denen in den letzten 20 Jahren allein in Münster 50 der 120 Bäcker weichen mußten. Er sagt: »Heute zahlen die Leute gern 15 Pfennig für ein frischgebackenes Brötchen, auch wenn im Supermarkt ein schwammiges Dutzend für 39 Pfennig zu haben ist.« In seiner Backstube aus Großvaters Zeiten wird das Brot noch so gemacht, wie der Kunde es wünscht: »Die einen wollen etwas mehr Natursauer im Teig, die anderen wollen die Kruste gern kroß.« Und für Frau Jakobi holt Meister Karsch das Brot fünf Minuten früher aus dem Ofen, weil die alte Dame es gerne weich hat. Für vier Mark Bringerlohn liefert der 74jährige Vater des Bäckers die Brötchen morgens um sechs vor die Haustür. »Das ist Service«, sagt der Sohn, »da kommt das Brötchenfließband nicht mit.«

»Ausländer? Aber ick bin hier doch jewöhnt ...« (Dezember 1976)

Eine Million Gastarbeiterkinder wachsen in der Bundesrepublik auf. Sie fragen sich, und das zumeist in Deutsch: »Wohin gehören wir?«

Die Szene am U-Bahnhof Kottbusser Tor im Berliner Stadtteil Kreuzberg erinnert an die Trümmerjahre: verbissen zerrt ein schwarzhaariger Junge seinen schwerbeladenen Karren durch das Sanierungsgebiet – Holz aus abgerissenen Mietskasernen. Wie ein Wolgaschiffer stemmt er sich in das selbstgebastelte Drahtgeschirr, um im tiefen Morast der Baustelle voranzukommen. An einer leichten Steigung blockiert der Straßenschlamm die Räder des umgebauten Kinderwagens.

Erschöpft beugt sich der Junge über die morsche Ladung und weint.

Der Trümmerjunge heißt Mehmet Isbilir, ist zwölf Jahre alt und Sohn eines Gastarbeiters (die Namen der Jugendlichen wurden geändert). Weil seine Eltern beide berufstätig sind und im Türkenhaushalt auch an der Kohle gespart wird, muß Mehmet jeden Tag nach der Schule Brennholz sammeln gehen. Seine Hausaufgaben für die Schule macht er dann abends im Bett. Auf seinem letzten Zeugnis stehen viele Fünfen und eine Eins im Sport.

Mehmet ist gut 5000 Kilometer von Berlin entfernt in der Nähe der persisch-russischen Grenze geboren. Vor sieben Jahren kam seine Mutter mit ihm und drei Schwestern nach Deutschland, wo der Vater schon einige Jahre als Packer in einer Berliner Eternit-Fabrik arbeitete. Fragt man den kleinen Mehmet heute, woher er stammt, antwortet er wie ein Berliner: »Ick komme aus Görlitzer Straße.« Von seinem Vaterland, das er zweimal während der Sommerferien besuchte, hat er Vorstellungen wie ein Neckermann-Tourist: »In der Türkei stehen hohe Berge, die Frauen laufen verschleiert rum, und Autos gibt's nur wenig.« Mehmet fühlt sich als »Berlin-Türke«. Denn: »Hier bin ick jewöhnt.«

Ob »Berlin-Türke«, »Stuttgart-Jugoslawe« oder »Italo-Frankfurter«: Über eine Million Kinder von ausländischen Arbeitern wachsen heute in der Bundesrepublik auf. 600000 von ihnen wurden hier geboren (1976 allein 130000, 20 Prozent aller westdeutschen Geburten). Die Ausländerkinder besuchen deutsche Schulen, kleiden sich nach unserer Mode, schwärmen für »die Hertha« oder den »1. FC Bayern«, und nicht wenige sprechen ein waschechtes Deutsch.

Ein Recht auf Heimat jedoch erwerben sie sich damit noch lange nicht. Die Bundesrepublik duldet die zweite heranwachsende Ausländergeneration nur, weil ihre Väter und Mütter als Arbeitskräfte gebraucht werden. Wie lange die Jungen hier bleiben können, hängt von Arbeitsmarkt, Konjunktur und Verträgen ab. So leben diese Kinder zwischen Baum und Borke mit der Folge, daß zwei Drittel von ihnen die Hauptschulen ohne Abschlußzeugnis verlassen und damit zur Hilfsarbeit verurteilt sind. Eine Arbeitserlaubnis selbst als Hilfsarbeiter erhalten sie oft nur, »wenn dies unter Anlegung eines strengen Maßstabes nach Lage und Entwicklung des Arbeitsmarktes vertretbar ist«, wie es in einem Rundbrief der Bundesanstalt für Arbeit heißt.

Viel zu spät reagiert die Bundesregierung jetzt auf diesen heillosen Zustand mit einem Katalog von »Integrationsmaßnahmen« für ausländische Jugendliche, der Mitte Januar in einer Bund-Länder-Kommission diskutiert werden soll. Zu lange haben Bund und Länder die Augen vor der Tatsache verschlossen, daß die Bundesrepublik objektiv zum Einwanderungsland geworden ist, seit sie die Gastarbeiter mit Kind und Kegel seßhaft werden ließ.

»Wenn wir die Entwicklung bei den Ausländerkindern so weiterlaufen lassen wie bisher«, warnt Ministerialrat Wolfgang Bodenbender vom Bundesministerium für Arbeit und Sozialordnung, »dann schaffen wir uns ein neues Subproletariat, das als sozialer Sprengstoff in absehbarer Zukunft explodieren wird.«

Für den Griechen Manolis Palaeokastron, 15, hat diese Explosion schon stattgefunden. Wir treffen den lockigen Bauernsohn aus den Bergen Messinias gegen sechs Uhr abends am Frankfurter Hauptbahnhof. Mit hochgeschlagenem Mantelkragen steht er gegen eine Litfaßsäule gelehnt und beobachtet die Passanten. Manolis nennt das »Schwule ausgucken«. Beißt einer an, geht er mit ihm in eine Herrentoilette. Zwanzig Mark ist sein Tarif.

Schon seit 14 Tagen war Manolis nicht mehr zu Hause. Die Polizei hat eine Vermißtenanzeige der Eltern routinemäßig zu Protokoll genommen. Die Schulbehörde erstattete Anzeige wegen »hartnäckigem Schulversäumnis«. Der Griechen-Junge haßt die Schule, »weil mir bei dene Schulaufgabe keiner helfe kann, und jede Arbeit in Teich geht«, sagt er im Frankfurter Dialekt. In seiner Klasse, die zu einem Drittel aus Ausländern besteht, haben die deutschen Mitschüler eine »Kanacker-Vernichtungs-Bande« gebildet, die jedem Klassenkameraden mit Prügeln droht, der zu den Griechen oder Türken freundschaftliche Kontakte aufnimmt.

Um dem psychischen Druck in der Schule zu entgehen, ist Manolis nun mit seinem türkischen Freund Mohammed »in den Untergrund« gegangen. Sie verdienen ihr Geld auf dem Knabenstrich, knacken Kaugummiautomaten und klauen Fahrräder, die sie auf dem Flohmarkt verkaufen. Übernachtet wird im Generatorenraum einer stillgelegten Fabrik. Nach acht Jahren in Frankfurt weiß Manolis, wie man in dieser Stadt überleben kann. Zurück zu den Eltern kann er nicht mehr, denn »wenn mich mein Vater sieht, dann haut er mir das Kreuz ein«.

Mit Fällen wie dem des Manolis Palaeokastron muß sich die Frankfur-

Der kleine Mehmet, 12, schleppt in Berlin-Kreuzberg Bauholz heim, weil seine Eltern für die Heimkehr selbst an Kohlen sparen. Heimkehr bedeutet den Eltern alles, dem berlinernden Türken nur eine Ferienreise.

ter Jugendrichterin Mechthilt Horstkotte immer häufiger befassen. Obwohl die Jugendkriminalität bei Ausländern immer noch unter dem Durchschnitt der vergleichbaren deutschen Altersgruppen liegt, hat die Straffälligkeit bei den ausländischen Jugendlichen in letzter Zeit deutlich zugenommen. »Die Eltern arbeiten brav, gehen vor lauter Angst, abgeschoben zu werden, nicht mal bei Rot über die Straße, aber ihre Kinder flippen nun plötzlich aus«, sagt die Richterin. »Viele hauen einfach von zu Hause ab, und wenn sie wegen irgendeiner kleinen Sache geschnappt werden, wollen sie lieber hinter Gitter als zurück zu den Eltern.«

Das Dilemma der Ausländerkinder beginnt schon am Tag der Einreise in die Bundesrepublik. Völlig unvorbereitet werden sie der Fremde ausgesetzt: Sie wechseln den Sprach- und Kulturkreis, werden vom platten Land in die Großstädte verpflanzt und leben nun nicht mehr im Schutz der Großfamilie, sondern nur noch mit den Geschwistern und Eltern, die selten daheim sind. Im Gegensatz zu Vater und Mutter, denen die alte Heimat unvergessen bleibt, passen sich die Kinder rasch der neuen Umwelt an und werden zunehmend von ihr geprägt. Wie lange dieser Sozialisationsprozeß dauert und wie tief er bei jedem einzelnen geht, das hängt vom Alter bei der Einreise ab. Das Ausländerkind entwickelt sich zum mehr oder weniger stark entwurzelten Kulturmischling, der zwischen ethnischer Entfremdung und partieller Integration in schwere Identitätskrisen gerät. Aus diesem Grund ist auch die Zahl der verhaltensgestörten und seelisch kranken Kinder ausländischer Eltern weit höher als bei den Einheimischen. »Auf dem Sektor der psychiatrischen Situation junger Ausländer werden wir in Zukunft mit Problemen von einem Ausmaß konfrontiert werden, die mit jenen bestimmter Gruppen behinderter Kinder verglichen werden kann«, stellt der Psychiater Dieter Frießem fest.

Ganz besonders belastet sind die ausländischen Mädchen, denen die Eltern aufzwingen, die in Südeuropa und Kleinasien geprägte Geschlechterrolle unter völlig veränderten Umständen zu spielen. Sophia Giogio ist 16 Jahre alt und lebt in Frankfurt, »seit ich denken kann«. Vor zwei Jahren lernte das Mädchen einen deutschen Jungen kennen, mit dem sie nach der Schule immer in die Eisdiele ging und Händchen hielt. Ihrem sizilianischen Vater konnte Sophia die Freundschaft mit Michael ein paar Monate verheimlichen, bis ihr älterer Bruder das Paar zusammen auf einem Mofa ins Kino fahren sah. Der Familienskandal war perfekt. Zwar ergab eine von den Eltern sofort eingeleitete gynäkologische Untersuchung, daß Sophia Jungfrau geblieben war, doch fortan durfte das Mädchen nur noch zum Unterricht das Haus verlassen. Nach einem halben Jahr Stubenarrest machte Sophia den ersten Selbstmordversuch und schnitt sich die Pulsadern auf. Zwei Monate später fischte sie die Polizei halbtot aus dem Main. Heute lebt die junge Italienerin in einem Mädchenheim. Das Gericht hat den Eltern die Sorgeberechtigung entzogen. Der Vater ficht diese Entscheidung inzwischen gerichtlich an. »Wenn ich zurück muß«, sagt Sophia, »dann bring ich mich endgültig um.«

Fast alle ausländischen Arbeiter erziehen ihre Kinder in den traditionellen Normen der Herkunftsländer. Nur so glauben sie ihren Söhnen und Töchtern die Rückkehr in die Heimat offenhalten zu können. Sie übersehen dabei, daß der Traum von der Heimkehr für ihre Kinder nicht selten zum Alptraum geworden ist.

Diesen Generationen-Konflikt in vielen Ausländerfamilien steht die westdeutsche Bildungspolitik praktisch konzeptionslos gegenüber. Zwar äußerten die Kultusminister schon 1964 die Erwartung, daß »vorübergehend oder ständig« eine größere Zahl ausländischer Kinder mit ihren Eltern einreisen würde, doch sind bis heute noch keine verbindlichen pädagogischen Programme zur Ausbildung der 450000 Ausländer formuliert worden, die gegenwärtig unsere Schulen besuchen. Einerseits ist von der »Notwendigkeit einer vollen schulischen Integration« der jungen Ausländer die Rede, denen aber andererseits die Möglichkeit einer

»Re-Integration in ihre Herkunftsgesellschaften« nicht verbaut werden dürfe.

Ausländer haben Angst vor der »Germanisierung«. Wie sieht das in der Praxis aus? In der Sophienschule in Frankfurt-Bockenheim lernen 517 Griechen, Türken und Italiener neben 96 deutschen Schülern. 80 Prozent der Ausländer gehen in sogenannte Vorbereitungsklassen, die nach dem Willen der Kultusminister »den Prozeß der Eingewöhnung in deutsche Schulverhältnisse beschleunigen sollen«. Tatsächlich aber verhindern diese Vorbereitungsklassen, in denen die Nationalitäten streng voneinander getrennt unterrichtet werden, die Integration der Ausländer. Denn obwohl hier als Schwerpunkt die deutsche Sprache vermittelt werden soll, bleibt die Unterrichtssprache Italienisch, Griechisch oder Türkisch. Dabei werden einige Vorbereitungsklassen von ausländischen Lehrern geleitet, die kaum Deutsch können und deshalb auch keine Ahnung von deutschen Lehrplänen haben. Sie unterrichten ihre Schüler, wie sie es von Kreta oder Sizilien her gewöhnt sind. Eine »Eingewöhnung in deutsche Schulverhältnisse« ist unter solchen Bedingungen unmöglich. Laut ministerieller Verordnung soll der Besuch der Vorbereitungsklassen in der Regel ein Jahr dauern. In der Sophienschule sitzt ein großer Teil der Gastarbeiterkinder seine gesamte gesetzliche Schulzeit in Vorbereitungsklassen ab und erhält dann am Ende ein »Abgangszeugnis«, das weder hier noch in den Herkunftsländern als qualifizierter Schulabschluß gewertet wird.

Dieses Bildungsvakuum ist nach Ansicht der Frankfurter Schulrätin Helga Pick »nicht zuletzt auch auf die Angst der deutschen Eltern vor einer Überfremdung der Normalklassen zurückzuführen und umgekehrt auf die Furcht der Gastarbeiter, ihre Kinder könnten auf unseren Schulbänken ›zwangsgermanisiert‹ werden«. Da die Schuldirektoren kaum ein Interesse daran haben, sich mit der Elternschaft anzulegen, wird die schulische Integration der Ausländerkinder kaum gefördert. So unterrichten in der Sophienschule fünf Deutschlehrer, die der Regierungspräsident eigens zur Weiterbildung der Gastarbeiterkinder zuwies, quasi illegal nur deutsche Schüler, und die Ausländer gehen leer aus.

In der Pause fragen wir eine Gruppe griechischer Jungen auf dem Schulhof, was sie von ihren deutschen Mitschülern halten. »Einzeln sind sie in Ordnung«, antwortet Alexis, 12, »aber wenn die zusammen sind, dann wern die frech und schimpfen uns Kanacker, Zigeuner und Knoblauchfresser. Wenn in Griechenland so schlecht über Ausländer gesprochen würd, tät da kein Tourist mehr hinwolle.«

Das Wort »Kanacker« hat der Türke Ahmet Mösyö nicht mehr gehört, seitdem es ihm gelang, Schüler eines Frankfurter Gymnasiums zu werden. Bei Lehrern und Mitschülern gilt Ahmet als eine exotische Besonderheit, denn außer ihm haben nur drei Landsleute den Sprung in das von 1200 Schülern besuchte Gymnasium geschafft. Ahmet verdankt

Wie einst im Ruhrgebiet die jungen Polen Czepan und Kuzorra, so suchen heute halbwüchsige Türken auf Berliner Fußballrasen den sozialen Aufstieg. Die A-Jugend von Hertha BSC nennt sich auch »1. FC Istanbul«. Junge arbeitslose Ausländer in Kreuzberg werden ihre Aggressionen weniger gelenk in Spielsalons und auf der Straße los. Karate-Stars sind ihre Idole.

seine Schulkarriere neben großem Fleiß und überdurchschnittlicher Intelligenz vor allem seinem Vater. Der Schneider aus Istanbul hat es sich in den Kopf gesetzt, daß aus seinem Sohn einmal etwas werden soll. Schon vor der Einschulung im Jahre 1966 protestierte Vater Mösyö erfolgreich gegen das Ergebnis des Begabungstests, das Ahmet, der damals noch kaum ein Wort deutsch sprach, für »geistig zu schwach« zum Eintritt in eine Normalschule erklärte. Später wies Mösyö die Meinung der Grundschullehrer zurück, sein Sohn sei für die höhere Schule »völlig ungeeignet«, und widersetzte sich auch der Empfehlung einer Bildungsberatung im türkischen Konsulat, das davon abriet, ein Arbeiterkind auf die höhere Schule zu schicken.

Ahmet gehört heute zum guten Durchschnitt seiner Jahresstufe. Sein Notendurchschnitt liegt bei 2,7. Mit Hilfe des Ausländerbonus hofft er in zwei Jahren Medizin studieren zu können. Um dieses Ziel zu erreichen, muß der Türke jeden Nachmittag zwei Nachhilfestunden nehmen, die seinen Vater 30 Mark kosten. »Meine Eltern opfern alles dafür, daß ich es einmal besser habe«, sagt er. Nach dem Studium will Ahmet nicht etwa in Deutschland bleiben. Er will zurückkehren in die Türkei und »als Landarzt in Ostanatolien den Ärmsten der Armen helfen«. Sein Vorbild heißt Albert Schweitzer.

Weniger idealistisch sind die Zukunftspläne der »Türken-Bomber« in den Jugendmannschaften des Berliner Fußballklubs Hertha BSC. »Die kommen zu uns, weil sie im Sport ihre Chance wittern«, sagt Jugendtrainer Kurt Böhnke. Im überalterten Berlin (aber auch im Bundesgebiet) wächst der Anteil der Ausländer am Kicker-Nachwuchs ständig. Wie vor 50 Jahren bei Schalke im Ruhrgebiet die Tibulskis, Kuzorras und Czepans durch Brillanz am Ball aus der grauen Masse der polnischen Minderheit aufstiegen, so versuchen heute die Kinder der Gastarbeiter auf dem grünen Rasen sich Beachtung und Anerkennung zu erkämpfen. »Die Ausländer sind trainingsbesessen«, sagt Kurt Böhnke, »die blühen im Spiel richtig auf.« Integrationsprobleme hat es im »1. FC Istanbul«, wie die A-Jugend von Hertha BSC auch genannt wird, nie gegeben. »Was bei uns zählt, ist die Leistung«, sagt der Trainer, »und die ist nur durch gute Teamarbeit zu bringen.« Während des Trainings wird der türkische Linksaußen Mustafa schlicht »Mukke« genannt, sein Landsmann, der Libero Mehmet, hört auf den Namen »Memme«, und der Stürmer Ilyas aus Jugoslawien, ein siebzehnjähriger Hüne mit eisenhartem Schuß, ist hier der »Ille«.

Liebevoll verdeutschte Spitznamen werden die über 100000 arbeitslosen jugendlichen Ausländer kaum zu hören bekommen, die in den Spielhöllen der bundesdeutschen Großstädte ihre Meisterschaften im Tischfußball austragen. Die Spielsalons bedeuten für die halbwüchsigen Ausländer das, was für ihre Väter die Bahnhofshallen sind. Hier ist man unter sich, hier hat man die Mehrheit. Stundenlang stehen die Jungen um die bunten Spielautomaten und versuchen, mit Langeweile und aufgestauten Aggressionen fertig zu werden. An den Wänden hängen die Idole: Bruce Lee und David Carradine, die Helden der asiatischen Karate-Filme.

Für Ali Mahir, den achtzehnjährigen Flipper-Spezialisten aus Frankfurt-Sachsenhausen, »ist der Tag gut gelaufen«, wenn er drei Freispiele gewonnen hat. Seit sechs Jahren lebt er in Deutschland. Aus der Schule wurde er wegen Überalterung in der achten Klasse entlassen, ohne auch nur halbwegs deutsch lesen und schreiben gelernt zu haben: ein zweisprachiger Analphabet. Ali erhielt eine Arbeitsgenehmigung, weil er schon mehr als fünf Jahre in Frankfurt wohnte und weil seine Eltern in dieser Zeit hier gearbeitet hatten. Viele Ausländer, die diese beiden Voraussetzungen nicht erfüllen, werden kraft Verordnung zur Arbeitslosigkeit verdonnert, auch wenn sie ein Stellenangebot vorweisen können.

Aber Ali fand keine Arbeit, und als er endlich von einem Job als Fensterputzer hörte, stellte ihm das Arbeitsamt keine Arbeitserlaubnis mehr aus. Ali war inzwischen mit seinen Eltern in die Türkei zurückgekehrt, hatte sich dort »wie fremd« gefühlt, und schon nach drei Monaten fuhr er allein als »Tourist« zu seinem Schwager nach Frankfurt. Seine Arbeitserlaubnis aber war mit dieser Reise erloschen. Nun galt auch für ihn der gefürchtete Paragraph 19 des Arbeitsförderungsgesetzes, in dem es heißt, daß die Arbeitserlaubnis »nach Lage und Entwicklung des Arbeitsmarktes« erteilt wird. Bei einer Million Arbeitslosen hat der Türke heute nur eine Lotto-Chance, als Fensterputzer Geld zu verdienen.

Die einzige Möglichkeit, trotz der behördlichen Arbeitsbehinderung etwas zu tun, bieten dem Türken Ali die sogenannten »Subunternehmer«, kriminelle Arbeitsvermittler, die bevorzugt junge Ausländer als billige Arbeitskräfte vermieten. Sie zahlen etwa fünf Mark Stundenlohn, gewähren keinen Versicherungsschutz und können jeden Mitarbeiter fristlos entlassen. In der Bundesrepublik gibt es 400 solcher Unternehmen. Die Zahl der von ihnen mißbrauchten Jugendlichen geht in die Zehntausende.

Sie alle sind Opfer einer halbherzigen und widersprüchlichen Ausländergesetzgebung. Ob die Bund-Länder-Kommission wirklich eine Neuorientierung der Ausländerpolitik für die zweite Generation beschließt, das wird sich auch am Schicksal der 17jährigen Jugoslawin Sabina Volnik und ihres 20 Monate alten Sohnes Peter zeigen. Die ledige Mutter wurde von ihrem Verlobten, einem Italiener, sitzengelassen, hat keinen Pfennig Geld und weiß nicht mehr weiter. Die in Frankfurt arbeitende Mutter kann sie nicht aufnehmen, der nach Jugoslawien zurückgekehrte Vater lehnt sie ab, wegen »der Schande«. Sozialhilfe darf sie nicht beantragen, denn dies würde bei ihr als Ausländerin mit der Streichung der Aufenthaltsgenehmigung verbunden sein. Durch Glück hat Sabina eine Stelle bei einer Wäscherei in Aussicht, doch wohin dann mit dem kleinen Peter, der dritten Gastarbeiter-Generation?

Wann kann ein Gastarbeiterkind Deutscher werden?

»Alles, was an der jungen Ausländergeneration heute versäumt wird, muß eines Tages auf die deutsche Bevölkerung zurückschlagen«, erklärt Ministerialrat Dr. Wolfgang Bodenbender vom Bundesarbeitsministerium. Er hat als Experte maßgeblich an Vorschlägen mitgearbeitet, die insbesondere das Dilemma der jugendlichen Ausländer mildern sollen. Mitte Januar wird eine Bund-Länder-Kommission Maßnahmen prüfen, die zwar weiter davon ausgehen, daß die Bundesrepublik kein Einwanderungsland ist. Jedoch wollen die Politiker die zweite Generation der jetzt bei uns leben-

den Gastarbeiter stärker integrieren, denn 60 Prozent dieser Kinder und Jugendlichen wurden in Deutschland geboren.

- *Verbesserung des aufenthaltsrechtlichen Status. Dies soll dadurch erreicht werden, daß die erste Aufenthaltserlaubnis für ein Jahr und die beiden folgenden für jeweils zwei Jahre erteilt werden; nach fünf Jahren sollen der Gastarbeiter und seine Familie die unbefristete Aufenthaltserlaubnis, nach acht Jahren die Aufenthaltsberechtigung erhalten. Nach zehn Jahren soll die Möglichkeit der vollen Einbürgerung zum deutschen Staatsbürger bestehen. Voraussetzungen: Nachweis einer angemessenen Wohnung und ausreichende Sprachkenntnisse.*
- *Verbesserung der Arbeitserlaubnis. 40000 Jugendliche, die nach dem Einreisestopp vom 30. November 1974 als Familienmitglieder in die Bundesrepublik gekommen sind, erhalten derzeit keine Arbeitserlaubnis. Diese Regelung soll aufgehoben werden bei gleichzeitiger Einreise-Beschränkung für 1,1 Millionen Kinder in der Bundesrepublik beschäftigter ausländischer Arbeiter, die bislang noch in den Herkunftsländern leben.*
- *Verbesserung der Bildung. Durch ein schulergänzendes »Feuerwehrprogramm« (verstärkter Sprachunterricht plus Hausaufgabenhilfen) hofft man das Bildungsdefizit der Ausländerkinder abbauen zu können. Der Mangel an ausgebildeten Sprachlehrern muß behoben werden.*

Ene, mene, muh. Spielen in Deutschland (Juli 1977)

Von der Schwäbischen Alb bis Schwerin. Sie hüpfen, matschen im Dreck und tanzen Ringelreihen. Deutsche Kinder in Ost und West haben die überlieferten Spiele nicht verlernt; neue sind hinzugekommen – trotz Schulstreß, Fernsehen und der Politerziehung in der DDR.

»Spielen?«, fragt der Schulleiter Paul Vogt (44) aus der schwäbischen Kleinstadt Schwieberdingen, »das war einmal, das haben unsere Kinder verlernt. In den Pausen prügeln sie sich, und zu Hause sitzen sie entweder vor Schulaufgaben oder vor dem Fernseher. Die Begeisterung für das Spiel, wie ich sie noch aus meiner Jugend kenne, die ist heute praktisch tot.«

Schlag neun Uhr fünfzehn schrillt die Glocke der Grundschule Schwieberdingen zur großen Pause. 285 Kinder stürzen aus dem engen Schulhaus ins Freie. Wie wild geworden rasen sie kreuz und quer über den Asphalthof, schlagen Haken, rempeln sich um, lassen Dampf ab nach zwei Stunden Stillsitzen. Jeder scheint hier jeden fangen zu wollen, und nur die Frau Lehrerin, die Pausenaufsicht hat, steht wie ein Denkmal im kindlichen Chaos und wartet auf das Pausenende.

Nach einer Weile legt sich der erste Ansturm ein wenig. Im Schatten des großen Kastanienbaums wickeln einige Kinder ihr Pausenbrot aus dem Pergamentpapier. Sie stehen ganz dicht beieinander, flüstern, lachen, schreien. Zwei blonde Mädchen legen plötzlich ihre Brote auf den Boden und schlagen sich hektisch auf Hände und Schenkel. Etwas abseits, in den Ecken des Schulhofs, bilden Kinder kleine Kreise wie verschwörerische Zirkel. Ein Junge in Lederhosen springt pausenlos die steinernen Stufen zum Eingang der Schule treppauf und treppab.

Ich begreife zunächst nicht, was hier gespielt wird. Alles entwickelt sich spontan, ohne erkennbares Reglement. Aber dann erwachen die Erinnerungen an meine eigene Kinderzeit, als ich als kleiner Pimpf mit meinen Klassenkameraden die Steintreppe der Nibelungen-Schule in Heppenheim hinauf- und hinuntersprang, genauso wie der Lederhosenjunge am Schuleingang. Wir hatten uns damals auferlegt, eine bestimmte Stufe nur mit dem linken Fuß, eine andere nur rückwärts mit geschlossenen Augen und eine dritte überhaupt nicht zu betreten, denn diese hatte einen Sprung. In unserer Phantasie spukte dort drinnen eine unheimliche Schlange. Wer die »Schlangenstufe« berührte, war »vergiftet« und hatte verloren.

Der neunjährige Peter aus Schwieberdingen spielt das »Treppedappe« nach ähnlichen Regeln, und auch bei ihm ist ein wenig Magie mit im Spiel. Er darf beim Auf und Ab die Fugen zwischen den Steinplatten nicht berühren, »sonscht brennt's und i schreib d'näxschte Arbeit danäbe.«

Während Peter versonnen sein Treppen-Orakel befragt, drängen sich in den Ecken die Mädchen um die »Gummihupfer«, jene Akrobaten, die mit Riesensprüngen über die Einziehgummis aus Mutters Nähkiste hechten. Die Grundform dieses Spiels ist einfach: Zwei Kinder stehen sich im Abstand von zwei bis drei Metern gegenüber. Um ihre Fersen spannt sich das an den Enden zusammengeknotete Gummi zu einem langgezogenen Rechteck. Ein drittes Kind muß nun von außen in dieses Rechteck hinein- und an der anderen Seite wieder hinausspringen, ohne das Band zu berühren. Dieser Durchgang heißt wegen seiner geringen Schwierigkeit das »Nullerle«. Beim »Einzerle« muß der Springer den Satz mit halber Drehung machen, das »Zweierle« wird nur mit dem linken Bein gesprungen und das »Dreierle« mit einem Beinwirbel, bei dem man erst mit dem linken und dann mit dem rechten Fuß auf das Gummiband treten muß. Die Ansprüche erhöhen sich langsam bis zum »Zehnerle«, und dann beginnt die hohe Schule des »Gummihupfens« mit den Disziplinen »Zitrone«, »Apfelstrudel«, »Hexenküche«, »Nadelöhr« und »Rollmops«, wobei die Höhe des Gummibandes von den Fersen über die Kniekehlen bis zu den Hüften steigt.

Die schwerste Nummer, die »Micky-Maus«, beschreibt Susanne (7) so: »Also, ma muß beim Neihupfe des Gummi mit de Fiess überkreize, dann beim Dreha wieder nauskreuze, dann wieder nei, dann wieder naus, dann wieder nei, dann wieder naus und dann isch Micky-Maus ond aus.«

Das Gummihupfen, anderswo heißt das Spiel auch Gummi-Twist, war vor zehn Jahren noch völlig unbekannt. Heute spielen es die Kinder aus Schwieberdingen so leidenschaftlich wie die aus Schwerin; es ist in Toronto ebenso bekannt wie in Tokio. Wer es erfunden hat, weiß kein Mensch. Wie es sich im Nu weltweit verbreiten konnte, bleibt selbst Pädagogen und Spieltheoretikern ein Rätsel.

Ebenso geheimnisvoll erscheinen die auf Hände und Schenkel geklatschten Da-Da-Reime der beiden Mädchen unter der Schulkastanie von Schwieberdingen, dessen Rektor beklagt, daß die kindliche Spielphantasie verkümmere:

Fli flei/fli flei flo
avesta/no no nonono
avesta/enemene texamene
oh oh oha/texamene zaramene
oh oh oha/itz bedi ohm
ohm bohm bobo/indidn dadn
larifari/firifari
tsch . . .

Solche phonetischen Feuerwerke brennen hier während der Pause gleich ein dutzendmal ab. Das gesungene »Am bam bi – widewie« oder der Sprechreim »Enje, denje, didje, dadje – zibbede, dibbede, bohnekatje« deutet der Kinderverse-Sammler Peter Rühmkorf, Autor des Buches ›Über das Volksvermögen‹, so: Es gehe dem Kind beim Reimen vor allem darum, »der Sozialisierungsmaschinerie einen Vers lang zu entkommen«. Durch die naive Lust am Wortspiel und an der Lautmalerei schaffen sich die Kleinen unbewußt einen »kulturellen Untergrund«, in dem die Großen nichts mehr zu melden haben. Das Spiel kann sich dort am freiesten entfalten, wo der Druck der Erwachsenen, ihre Ordnung und Rationalität nicht mehr zu spüren ist. Da genügt ein Tisch, unter den man sich verkriecht, eine Pfütze in der Hauseinfahrt, ein Stückchen Hinterhof oder, sollte es gar keinen anderen Ausweg mehr geben, die Flucht in einen Tagtraum auf dem Schulhof.

Erwachsene mißverstehen oder übersehen nur zu leicht dieses »kindliche Kulturreich abseits einer jedem Beobachter zugänglichen Offenheit« (Rühmkorf), und es bildet sich das bereits generationenalte Vorurteil: »Spielen? Das war einmal, das haben die Kinder heute verlernt.«

Auf unserer Reise kreuz und quer durch die deutschen Kinderlande, die nur geographisch von der Mauer durchschnitten werden, mußten wir, der Fotograf Rautert und ich, das Spielen erst wieder lernen, um von den Jungen und Mädchen akzeptiert zu werden. Beim Gummihupfen, Treppedappe oder Stelzenlaufen kamen wir uns auf einmal steinalt und steif vor. Aber wir haben uns dennoch nicht immer blamiert. In Immenhausen bei Stuttgart nahmen wir als Außenseiter an der »Soifekutsche-Olympiad« der Dorfkinder teil. Am Steuer des selbstgezimmerten Kutschenmobils vom Metzgersohn Eckard holte Timm Rautert am Steuer mit mir als »Schieber« immerhin Bronze im »Schönheitsfahre«.

Die Ostfriesen Joost, Mathias, Gesa, Christoph und Enrik, alle um die zehn, wollten zunächst gar nichts mit uns Großen zu tun haben. Sie fürchteten, wir seien von der »Stadtregierung« und kämen, um ihre »Geheimhöhle« am Schloßgraben auszuspionieren. In den Hohlräumen unter den Betonträgern der erweiterten Schloßstraße haben sich die fünf eine Welt geschaffen, in der alles erlaubt ist, was oben die gutbürgerlichen Eltern verbieten: Hier wird im Schlamm gewühlt, mit Dreck geworfen und im brackigen Wasser gepanscht, daß Sigmund Freud seine wahre Freude an ihnen gehabt hätte. An der Betondecke stehen wie zur Abschreckung die beiden zentralen Tabuworte: »VOTZE« und »PIMMEL«. Wer das dort angeschrieben hat und warum, will keiner sagen. »Das steht da nur so«, meint Joost und zeigt mir sein zahnluckertes Grinsen.

Joost ist hier der Boß; er sagt das Spiel an: Gestern waren hier alle »Urzeitmenschen«, heute soll eine »Sturmflutkatastrophe« inszeniert werden. Voller Leidenschaft matschen die Kinder aus nassem Sand lan-

»Fünfundzwanzig Bauernmädchen suchen einen Mann, he' – da stehst du nun und hast kein Mann, du alte Quietschkommode«, singen die kleinen Dorfschönen. Hier bei Regensburg wird früh weibliches Rollenverhalten geprobt. Die Kinder nehmen sich den bitteren Spielausgang zu Herzen: Klein-Rosel weint im Kreis der Schadenfrohen, während in Hamburg Mädchen die Jungen mit Küssen jagen und reimen: »Violetten und Zigarren sind verboten, denn die Jungs sind Vollidioten.«

ge Deichsysteme mit Gräben und Schleusen, Häusern und »Fabrikmaschinen«. Aus dem Schloßgraben schleppen Gesa und Christoph mit einem alten Plastikeimer Wasser herbei und schütten damit den höher gelegenen Stausee voll, bis der Damm endlich bricht. Die Sturzflut schießt zu Tal und reißt alles mit, was gerade mühsam errichtet wurde. Mit geballten Fäusten hüpfen die Deichbauer auf der Stelle, brüllen immer wieder nur »jaa, jaa, jaa«, als wollten sie die Zerstörungswut der Wassermassen noch anfeuern.

Im Laufe des Nachmittags kommt es dann noch zu vier weiteren Katastrophen. Müde und herrlich verdreckt geht es am Abend heim. Gesa, die Tochter des Pastors, hat die Hausaufgaben wieder mal nicht gemacht, und ihr Bruder schwänzt die Flötenstunde. Zornig diktiert er mir in den Notizblock: »Das sollste ruhig mal an meinen Vater veröffentlichen: Flöten ist Scheiße.«

So leidenschaftlich in Jever, elf Kilometer von der Nordseeküste entfernt, Sturmflutkatastrophe nachgespielt wird, so begeistert knallen sich die Berliner Jungens im Märkischen Viertel beim »Baader-Meinhof-und-Polente«-Spiel über den Haufen. Als Sparkasse, die ausgeraubt werden soll, dient ein Gerüst auf dem verödeten Spielplatz, als Bombe eine leere Flasche. Der Wirklichkeit schaurig exakt nachgebildete Waffen gibt es im Spielwarenladen von der kleinkalibrigen PPK 22 (»Stupsnase«) bis zum schweren Maschinengewehr. Erwin und Karsten fahren breitbeinig und mit ausgestreckten Armen auf ihrer Suzuki (»bruem, bruem«) vor die Bank, »in der det janze Jeld von Horten jelagert is«. Erwin klettert mit der Bombe die Leiter hoch zum Banktresor, Karsten gibt mit seiner Maschinenpistole Feuerschutz (»pau, pau, pau«). Hennes (»ick bin der Tresordirektor«) fällt im Kugelregen. Nach dem Eingreifen des Überfallkommandos (»aijaijai«) hält die Schießerei so lange an, bis alle Mitspieler tot am Boden liegen (»Erwin, fall um, du hast'n Koppschuß«). Dann geht es mit neuverteilten Rollen wieder von vorn an.

Die Psychoanalyse sieht in solchen Rollenspielen Möglichkeiten für das Kind, die Realität einer fremden Erwachsenenwelt seelisch zu verarbeiten, indem diffuse Ängste in aktives Handeln umgesetzt werden. Schon die Väter und Vorväter dieser Berliner Westentaschen-Terroristen spielten zu Zeiten der Befreiungskriege »Franzmann und Preuß« (»Die Preußen haben den Sieg gewonnen – es werden wohl bessere Zeiten kommen, jetzt geht's nach Paris!«), nach dem Ersten Weltkrieg schossen »Spartakus und Regierung« aufeinander, vor 1933 »Nazis und Sozis«, und seit 1961 ist auch »Mauer« (Grenzpolizist und Flüchtling) in Mode – alles Variationen des guten alten »Räuber und Gendarm«.

Obwohl die Kinder ihre Spiele der unmittelbaren gesellschaftlichen Wirklichkeit anpassen, haben doch »Kaiser, König, Bettelmann« oder »Schwarze Köchin« trotz Aufklärung und bürgerlicher Revolution nichts an Popularität verloren. Wie im 17. Jahrhundert die Bauernburschen auf dem Gemälde von Pieter Brueghel, so spielen die Söhne des stadtfernen Oberpfälzer Waldbauern Aschenbrenner noch heute »Blinde Kuh«; Hans, mit zwölf Jahren der Älteste, bindet sich das bunte Kopftuch der Mutter um die Augen. Seine drei Brüder führen ihn mit fast liturgischer Feierlichkeit über den Hof, drehen ihn dreimal um sich selbst und sagen im Chor den uralten Spruch auf: »Blinde Kuh, wir bringen dich in den dunklen Woald.« Daraufhin fragt Richard: »Was soll i do?« »Süße Speis esse.« – »Aber i hob kei Löffel.« – »Dann such dir halt oinen!«

Die Brüder flitzen davon, und Richard steht hilflos im Finstern. Er tastet sich ein paar Schritte nach vorn. Seine Arme rudern durch die Luft. Die Brüder quietschen vor Vergnügen, machen »buh«, »muh« und »miau« und ziehen ihn von hinten an der Hose. Erst als Richard seinen jüngsten Bruder Roland zu fassen bekommt, ist er »erlöst« und kann das Tuch von den Augen ziehen.

Volkskundler sehen in diesem Spiel, das die alten Griechen als »Myia Chalke« (Blinde Mücke) spielten, das Überbleibsel eines vorgeschichtlichen Dämonenkults. Der Blinde war die Verkörperung eines bösen Geistes, dem man die Augen verband, um nicht von seinen Blicken getroffen zu werden.

Fast ebenso alt ist das über die ganze Welt verbreitete »Himmel-und-Hölle«-Spiel, von dem es ebenso viele Namen wie Spielvariationen gibt. In Norddeutschland heißt es »Hinkepinke« oder »Hinkepott«, in Westfalen und Berlin »Himmel und Hölle« oder »Paradies und Hölle«, in Süddeutschland »Kaschtel-Hupfe«; österreichische Kinder nennen es »Tempelhupfen«, in Sachsen sagen sie »Hubbe«. Das älteste Hinkepott-Diagramm fand man auf dem Boden eines antiken Forums in Rom. Während der Ausdehnung des römischen Reiches bauten die Legionen Heerstraßen nach Nordeuropa und Kleinasien, deren großflächige Feldsteinpflaster die Kinder in Germanien, Britannien und Gallien zum Hüpfen reizten. Da war der »gute« Pflasterstein, auf dem man sich ausruhte, und gegenüber der »böse«, den man nicht betreten durfte. In diesem Spannungsfeld zwischen Gut und Böse verbringen die Jungen und Mädchen auch heute noch ganze Nachmittage. Auf der Nordsee-Hallig Langeness ritzen Frauke und Ingo sieben Quadrate mit einer Muschelschale in den ausgetretenen Deichweg, in Schwieberdingen ge-

»Türkenmurmeln« – nach Berlin-Kreuzberg von Gastarbeitern importiert.

nügen ein paar Treppenstufen, und am Bethaniendamm in Berlin-Kreuzberg quetschen die Mädchen das Spielfeld zwischen eine Westberliner Hausfassade und die unmittelbar angrenzende Ulbricht-Mauer.

Die Regeln sind einfach zu spielen, aber schwer zu beschreiben. »Wie soll ick dir ditte erklärn?« fragt mich die Rotznase Pauline. »Da mußte schon selber hinkieken.« Ich sehe also zu, wie sie einen kleinen Stein in das erste Kästchen wirft, dann mit dem rechten Fuß über dieses Rechteck in Kästchen Nummer zwei hüpft und dann weiter ins dritte, vierte, fünfte, sechste, im »Himmel« kurz Pause macht und denselben Weg wieder zurückspringt. Jetzt wirft sie den Stein in das zweite Feld und muß auch dieses überspringen. Wenn alle sieben Felder so durchlaufen sind und Pauline keinen Strich mit dem Stein oder Fuß berührt (es also nicht »gebrannt« hat), beginnt die nächste Runde mit dem linken Fuß, dann mit gekreuzten Beinen, in der Hocke, rückwärts und schließlich blind. Diesen letzten Durchgang nennen die Kinder hier »Berlin – Stettin«. Wenn ein Blindgänger auf den Kreidestrich tritt, rufen sie »Stettin«, wenn er keinen berührt, heißt es »Berlin«.

Nicht mehr als eine ungestörte Ecke zum Spielen brauchen auch die Kinder jenseits der Mauer im Ostberliner Stadtteil Pankow: Die elfjährige Sybille sitzt in ihrer »Hexenschnecke«, die sie mit ein paar Kreidestrichen auf den Gehsteig gezaubert hat. Der Junge Pionier Heinz drückt mit dem Finger auf einen Pflasterstein und singt »Klingelingeling«. Die Hexe öffnet die Tür. Pionier Heinz macht einen höflichen Bückling und sagt: »Juten Tag, ick möchte zwee Tafeln Schoko, Brause und 'ne Rolle Drops.« Sybille bittet den Kunden in ihr gewundenes Schneckengehäuse. Aber anstatt ihm die gewünschten Leckereien zu verkaufen, fällt sie mit den Worten »Herr Meier, Herr Meier, ick hab keene Eier« über ihr Opfer her, das sich willig überwältigen läßt. Für Heinz beginnt nun ein Wechselbad aus Freud und Leid. Zuerst wird er in die »Schatzkammer« gesteckt, »die is voll mit Jold, Silber und Bronze«, dann kommt er ins »Pechloch«, »datta schwarz wird wie'n Mohrnkopp«, schließlich in den glühenden Backofen. Während Heinz stöhnend vor sich hinbrät, kommt immer neue Kundschaft und bald sind »Schatzkammer«, »Pechloch« und »Backofen« gerammelt voll. Hexe Sybille befühlt nun den armen Heinz, »ob det Bürschchen wohl schon jar is.« Noch etwas Pfeffer auf die Haare, und die große Kannibalismus-Pantomime kann beginnen: »Erst schneide ick dir den Kopp ab«, sagt Sybille und macht ein möglichst blutrünstiges Gesicht, »dann verarbeit ick dein Bauch zu Wurstsalat, und wat ick nich mehr uffkrieje, det kommt in Kühlschrank.« Aus jedem Kind macht Sybille ein anderes Gericht (vom Kasseler bis zum Fürst-Pückler-Eis), und wer ihr am besten geschmeckt hat, der darf das nächste Mal Hexe sein.

Wo die Kinder dieses blutrünstige »Hänsel-und-Gretel«-Drama her haben, weiß keiner. »Det denkt sich eben eener einfach so aus und die andern kieken zu.« Im Kindergarten oder bei den Jungen Pionieren haben sie ihre Hexenschnecke sicher nicht gelernt. Spiele mit magisch-archaischem Hintergrund, in denen die Kinder ihrer Furcht vor dem unbekannten Bösen so schön Gestalt verleihen und es somit überwinden können, sind in den volkseigenen Institutionen tabu. »Da die Kinder unsere sozialistische Wirklichkeit im Spiel widerspiegeln«, schreibt die DDR-Pädagogin Irmgard Launer, »sind es sozialistische Beziehungen, die sie dabei gestalten. Es sind Beziehungen, die den Normen der sozialistischen Moral entsprechen.«

Ob Ost oder West – überall scheint die Vermutung von Peter Rühmkorf zuzutreffen, »daß wir über die Probleme der Heranwachsenden in Neuguinea besser Bescheid wissen als über seelische Verhältnisse auf unseren Spielplätzen.«

Unsere Deutschland-Reise zu Spielkindern bestätigte es. Wir waren losgezogen, um die letzten Mohikaner aufzuspüren, die trotz Verkehrsenge, Schulstreß, Kinderfernsehen und Spielzeugflut immer noch nach eigener Eingebung spielen – und nun erleben wir sie hinter fast jedem Baum, jeder Ecke, jedem Unterschlupf – aber nicht nur auf dem »flachen Land«, sondern ebenso in den Trabantenburgen, deren Kinderfeindlichkeit aus tausend Fenstern glotzt. Ein paar Quadratmeter Freiraum nur – schon ziehen in die Frankfurter Nord-Weststadt »Gummihopse«, »Hinkepinke« und »Hexen« ein. Erwachsenen-Protesten zum Trotz ist hier auch das »Fahrstuhlverstecken« groß im Kommen. »In der Nummer Verzeh (Hausnummer 14), da hat's über 20 Stockwerk zum Verkriesche, da find misch kaaner«, sagt Schorsch (11), der in der Betonlandschaft glücklich lebt. »Je größer das Hochhaus is, desto mehr Spielkamerade haw isch in der Näh wohne.« Aufs Land möchte er auf keinen Fall, »ausä gute Luft haw die do doch nix.«

Was Schorsch nicht weiß, und was auch für uns neu war: Die Spiele der Landjugend unterscheiden sich nicht wesentlich von denen der Städter. Nicht nur die Fernsehserien ›Raumschiff Enterprise‹, ›Biene Maja‹ und ›Bonanza‹ werden hier wie dort nachgespielt, solange sie gerade über den Bildschirm flimmern. Auch das alte »Kinderverkaufen«, zum Beispiel, ist sowohl in Bremen-Schwachhausen als auch mitten im grünsten Schwaben populär.

In Schwaben schicken die Mädchen ihre Kinder nicht nach Potsdam (wie in Bremen), sondern nach Holland, und der Ziegenbock tanzt dort in Lindenau statt in Ilmenau. Aber sonst gleichen sich die Melodie und Choreographie aufs Haar: Ein Mädchen stellt sich in der Mutterrolle vor ihre Kinder. Während alle das Lied singen, schreitet sie, die Hände keck in die Hüften gestemmt, zunächst vor den anderen hin und her. Beim Stichwort »Komm mit nach Lindenau« greift sich die Rabenmutter eines der Kinder und tanzt mit ihm eng umschlungen die wilde Ziegenbockpolka.

Fünfzehn Kinder hab ich
fünf will ich verkaufen
fünf will ich nach Potsdam schicken
fünf will ich versaufen.
Doch das eine, das ich hab
macht mir so viel Kummer
steck ich in den Kleiderschrank
laß ich dort verhungern.
Komm mit nach Ilmenau
da ist der Himmel blau
da tanzt der Ziegenbock
mit seiner Frau im Unterrock.

Das Lieblingsspiel vom elfjährigen Bauernbuben Jörg, der in einem abgelegenen Hof bei Schwieberdingen zu Hause ist, haben wir jedoch in keiner Stadt finden können. Er fängt im Frühsommer Kaulquappen in den Pfützen der Waldwege, zieht sie in Einweckgläsern liebevoll groß, und »wenn de zwoi Vorderfias kommet und de Schwanz wek goit und de zwoi Hinterfias a kommet, da werns kleine Fröschle und da lasset mir de Renne laufe bis se nit mehr kenne. Des bringt uns arge Luscht«.

Vor Fröschen und Quappen – nur da müssen die kleinen Städter passen.

Camping im Kollektiv (August 1977)

Nahezu jeder neunte DDR-Bürger verbringt seinen Urlaub auf dem Campingplatz. Meist ist der Arbeitskollege auch dort dabei: Denn drüben organisieren die Betriebe für ihre Werktätigen die Ferien im Zelt. Seit 1976 dürfen auch Westdeutsche in Thüringen und an der Ostsee campen.

Die Nacht ist sternenklar, und die Ampel vor der Einfahrt zum Campingplatz bei Kelbra in Thüringen steht auf Rot. Aus einer Backsteinstube neben der Straße kommt ein grauhaariger Mann mit verschlafenen Augen. Vor unserem VW-Bus bleibt er stehen und beugt sich zum Nummernschild herunter. »HH«, buchstabiert er, »aus Hamburg seid ihr ... und wollt bei uns zelten? Ja du liebe Zeit, warum fahrt ihr denn nicht nach Spanien oder an die Adria?«

Der Alte ist hier Nachtwächter. Er bittet uns freundlich in sein kleines Büro. Im Nu stehen drei Becher Muckefuck auf dem Tisch, und während er unsere Personalien in ein dickes Buch einträgt, fragt er uns aus: Ob wir drüben denn Arbeit hätten, was wir verdienten, ob es stimme, daß im Westen so viele Verbrecher rumliefen, was Kartoffeln, Kaffee und unser Campingbus so kosten, »in echter Währung«. Deutsch-deutsche Gesprächsthemen, über die wir während unseres 14tägigen Urlaubs in der DDR noch zur Genüge reden werden.

Nachdem der Muckefuck alle ist und der Meldeschein für die Volkspolizei unterschrieben, schaltet der Nachtwächter die Ampel auf Grün. Mit seinem Fahrrad vorneweg lotst er uns durch enge, neonbeleuchtete Gassen, an denen sich Zelte und Wohnwagen drängeln. Jeder Quadratzentimeter Erholungsgebiet ist hier genutzt, ganz so wie auf den Campingplätzen zwischen Kieler Förde und Bodensee. Doch dann kommt die Überraschung: An der äußersten Ecke des Geländes erscheint plötzlich eine große Wiese, auf der nichts anderes steht als Löwenzahn und Gänseblümchen. »Das ist der Ausländerplatz«, sagt unser Lotse, »als Westdeutsche müßt ihr hier bleiben; Vorschrift ist Vorschrift.« Da wir die einzigen »Ausländer« sind, haben wir dieses Fußballfeld von Rasen ganz für uns allein und 2000 DDR-Campingfreunde teilen sich den Rest des Platzes.

Es scheint sich im Westen noch nicht so recht herumgesprochen zu haben, daß »BRDler«, wie man uns hier nennt, seit einem Jahr auf 27 ostdeutschen Campingplätzen zelten dürfen – wenn auch manchmal nur auf der Ausländerwiese in deutlicher Distanz zu den Bürgern der DDR.

Immerhin wird am Badestrand der Talsperre Kelbra, an der unser Campingplatz liegt, nur zwischen Schwimmern und Nichtschwimmern unterschieden. Am nächsten Morgen steigen wir noch vor dem Frühstück in den etwas trüben See und sehen die DDR bei Tageslicht. Vor uns, am anderen Ufer, dehnen sich großflächige Raps- und Getreidefelder über die südlichen Ausläufer des Harzes. Bei guter Sicht kann man den Brocken sehen. Von der Grenze, die keine 30 Kilometer entfernt sein soll, ist in diesem Ferienfrieden nichts zu spüren. Südöstlich des Sees liegt das Kyffhäusergebirge. Wie ein bewaldeter Riesenmeteor ragt es aus der dort flachen Landschaft. Die Sage erzählt, daß Kaiser Barbarossa dort drinnen in seiner Höhle ruht, um nach der Einigung des Reichs wieder hervorzukommen. »Der hat Versailles verpennt«, sagen heute die Leute in Kelbra, »und sich für die nächsten 800 Jahre auf die andere Seite gelegt.«

Als Signal zum Weiterschlafen mag der Kaiser den Fahnenappell deuten, den das Rettungsschwimmerkollektiv jeden Morgen am Strand des Zeltplatzes abhält. Gegen acht Uhr läßt der langhaarige Uwe zum Dienstbeginn das Schwarz-Rot-Gold samt Hammer, Zirkel und Ährengarben den Flaggenmast hochgehen. Dazu stampft Beatstar Rod Stewart aus dem Kassettenrecorder ›Sweet Little Rock 'n' Roller‹, und Uwes vier Kollegen bereiten derweil im Mannschaftszelt das Frühstück vor. »Das ist hier ein guter Ferienjob«, sagt Uwe, »wir kriegen drei Mark die Stunde, und Planerfüllung heißt bei uns bloß: keine Wasserleichen.« Nachdem im letzten Jahr drei Halbwüchsige im Vollrausch beim Baden ertranken, sind die Sicherheitsbestimmungen verschärft worden. Heute herrscht hier im Wasser dieselbe Bestimmung wie im Straßenverkehr: absolutes Alkoholverbot. Mit dem Geld, das Uwe beim Lebensretten verdient, will er nach Saisonschluß eine große Zelttour machen, bevor er im November »zur Fahne« muß.

Die Lust am Reisen hat in der DDR mit steigendem Lebensstandard spürbar zugenommen. Wurden noch vor zehn Jahren nur zwei Prozent des Einkommens für den Urlaub ausgegeben, so hat sich dieser Anteil bis heute verdreifacht. Der Kühlschrank ist voll, der Kleinwagen »Trabant de Luxe« (Kosename: »Trabbi«) steht vor vielen Haustüren, und nun will man mal auch verreisen. Nur, wohin? Das »kapitalistische Ausland« bleibt DDR-Bürgern bis auf weiteres verschlossen. In Bulgarien und am Plattensee machen die Westdeutschen die Preise kaputt. Selbst der preiswerte Feriendienst der Einheitsgewerkschaft FDGB, mit 1,5 Millionen Urlaubsreisen im Jahr größter Reiseveranstalter der DDR, kann die Reisewelle nicht auffangen. Deshalb zieht es immer mehr DDR-Bürger im Urlaub auf die Campingplätze. Da aber 15000 Mark für einen Campingbus zuviel und vier bis fünf Jahre Lieferzeit (für Privatkäufer) zu lange sind, haben viele Betriebe Wohnwagen und Zelte gekauft, in denen jeder Werksangehörige 14 Tage im Jahr billig Urlaub machen kann. »VEB Oberbekleidung ›Fortschritt‹ Berlin«, »Deutsche Post Cottbus«, »VEB Kohlenhandlung Potsdam«, »Rat der Stadt Erfurt«, »Kraftverkehr Fürstenwalde« – sie alle stellen ihren Beschäftigten

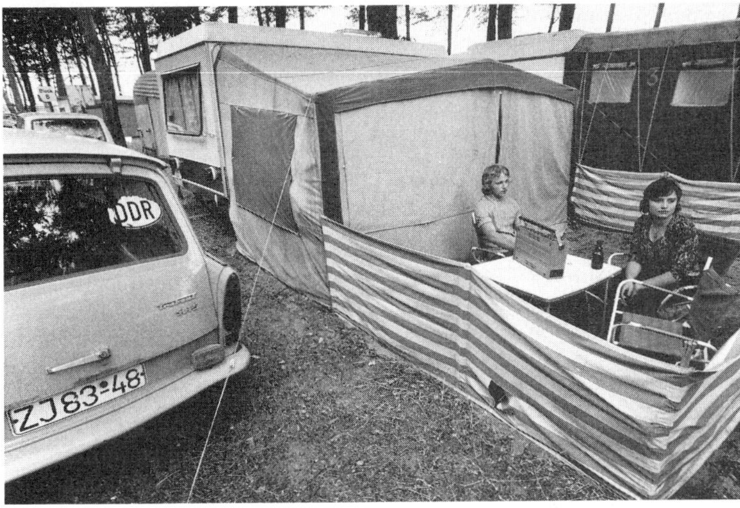

Im Wohnwagenlager an der Ostsee zahlt eine dreiköpfige Arbeiterfamilie pro Woche 45 Mark.

die komplette Campingausrüstung auf Zeltplätzen in Thüringen, an der Ostsee, im Erzgebirge oder an den Havelseen zur Verfügung.

Neben unserer Ausländerwiese steht eine Wohnwagenstraße des Leipziger Kaufhauses »Konsum«. 15 Familien von Betriebsangehörigen verbringen hier ihren 14tägigen Sommerurlaub für 84,50 Mark. Sonnenschirm, Geschirr, Faltboot, Radio, Partygrill, Propangas, Federballspiel und sogar das Toilettenpapier sind inklusive.

»Wir haben hier alles«, sagt die Verkäuferin aus der Kurzwarenabteilung, »uns fehlt's an nischt.« Was hier fehlt, sind allein diese Schlachtschiffe auf Rädern mit eingebauter Dusche, Farbfernseher und vergoldeten Türklinken, mit denen sich in der Bundesrepublik die Campingfreunde gegenseitig in den Schatten stellen. In Kelbra gibt es vielleicht etwas Konkurrenz zwischen den Betrieben (»Die vom Armaturenwerk könnten sich auch mal neue Sonnenschirme gönnen«). Untereinander aber fühlt man sich als Kollektiv. Heute geht's gemeinsam Pilze sammeln, morgen wandern die Sachsen zur Barbarossahöhle, an jedem Abend lädt eine Familie alle anderen zur Grillparty ein. »Gemeinsam einen schlucken, das ist wichtig«, sagt uns der Abteilungsleiter, »da lernt man die Kollegen erst richtig bei kenn'. Manch ein Stoffel entpuppt sich dabei als ganz prima Kerl.« Und geschluckt wird viel bei den Konsumenten. Linkerhand das »Mammutbräu«, rechterhand der »Nordhäuser Korn«, und die Damen halten sich am Kaffeelikör fest. Wir Hamburger sind immer mit von der Partie. Seitdem wir uns von den Leipzigern einen Kochtopf ausgeliehen haben, gehören wir praktisch zum Betrieb.

Auf dem Höhepunkt der Zecherei werden ziemlich laut die neuesten Häschen- und Honecker-Witze erzählt, was hier ebensowenig auffällt wie die ohrenschallende Hitparade des Norddeutschen Rundfunks. Der Empfang westlicher Sender scheint trotz dünner Zeltwände auf dem Campingplatz kein Risiko zu sein. Westnachrichten, Jugendarbeitslosigkeit und Terroristenanschläge fördern nicht gerade die Lust zur Ausreise, auch wenn man hier morgens für Milch und Frühstücksbrötchen eine gute Dreiviertelstunde Schlange stehen muß. »Bei euch ist auch nicht mehr alles die Sahne«, sagt uns der Abteilungsleiter, »mir sind Versorgungsengpässe bei Südfrüchten lieber als stempeln gehen.«

Trotzdem hat alles, was von »drüben« kommt, noch immer ein ungeheures Prestige. Unser VW-Bus ist hier ein Renner, an dem sich die Menschen satt sehen. (»Guck dir mal die Reifen an. Da weißt du, wofür du lebst.«) Wo wir hingucken, sehen wir T-Shirts mit den Porträts von Mick Jagger und Franz Beckenbauer. Plastiktüten von »Edeka« und »Chiquita«, Rangabzeichen der amerikanischen Armee und die Stars and Stripes als Aufnäher selbst auf der Badehose.

»Westklamotten-Fetzen«, schwärmen vier junge Gesellen aus Halle, die mit uns am Tisch der HO-Campinggaststätte auf die vor anderthalb Stunden vorbestellten Hähnchen »Goldbroiler« warten. Die vier kommen gerade von einer zehntägigen Tramptour aus Polen. Sie haben »frei nach Schnauze« Urlaub gemacht und auch mal beim Bauern im Heu geschlafen. Nun ruhen sie sich in Kelbra noch ein Wochenende aus, bevor am Montag die Arbeit wieder losgeht. Geplante Erholung, wie sie ihre Betriebe organisieren, ist ihnen ein Greuel, weil sie in den Ferien »auch mal andere Gesichter sehen wollen«. Und auch das Ferienprogramm der Freien Deutschen Jugend (FDJ), der alle formal angehören, klingt nicht gerade verlockend: »Die Feriengestaltung ist der politisch und pädagogisch gelenkte Prozeß zur Sicherung einer aktiven Erholung, der eine vernünftige Relation von Ruhe und Entspannung sowie Bewegung und Aktivität verlangt«, heißt es in einem Beschluß der Jugendorganisation, die jährlich mehr als 2,5 Millionen Jugendliche aller Altersstufen in eigenen Ferienheimen betreut. »Wir tragen kein Bonbon im Knopfloch (DDR-Jargon für Parteiabzeichen), und wir sind auch keine angepaßten Typen, die immer nur mit Kragen und Bügelfalte rumlaufen«, sagt Bernd, der 19jährige Sohn eines hohen Haller SED-Funktionärs. Deshalb zahlen die jungen Arbeiter (Monatslohn: 550 Mark) auch bis zu 300 Mark für echte West-Jeans. »Kann sich einer ein Leben ohne Jeans vorstellen?« fragt der Ostberliner Schriftsteller Ulrich Plenzdorf in seinem Buch ›Die neuen Leiden des jungen W.‹. »Jeans sind eine Einstellung und keine Hose.«

Nach einer Woche Urlaub in der Thüringer Provinz fahren wir hinauf an die Ostseeküste, dem Juwel des DDR-Tourismus. Beim Seebad Bansin, vor dem Krieg ein mondänes Ferienziel der Berliner Schickeria, liegt unser Zeltplatz unter schattigen Buchen direkt am weißen Sandstrand. Ein sieben Kilometer langes Heerlager für 9000 erholungsuchende Arbeiter und Bauern, eingeteilt in 14 Blocks, mit drei Riesen-Kinozelten, eigener Post, Volkspolizei-Dienststelle, einer Kaufhalle, mehreren »HO-Eis-Kuchen-Süßwaren«, einer Fischklause ohne Fisch und dem Restaurant »Camping Centrum«, in dem der saftige Hammelbraten mit Gemüse und Tunke nur 2,85 Mark kostet, für das Besteck aber 3 Mark Pfand zu hinterlegen sind.

In Bansin gibt es keine Ausländerwiese, auf der wir uns breitmachen können. Nur mit Mühe findet der Objektleiter eine Lücke im Block 8 zwischen dem »Betriebszeltlager Reichsbahn Ausbesserungswerk ›Einheit‹ Leipzig« und dem »Kombinat VEB Magdeburger Armaturenwerk ›Karl Marx‹ «. Das macht uns zunächst etwas verlegen, denn Block 87 ist FKK-Gelände. Aber nachdem wir uns nach einigem Zögern doch aus den Hosen wagen, da fühlen wir uns auch schon aufgenommen in die Gemeinschaft der Freikörperkulturisten. FKK kennt keine Grenzen, und wer uns am Strand beim Faustballspiel in der Mannschaft der Magdeburger gesehen hat, der muß zugeben: Es gibt doch noch Gemeinsamkeiten.

Die Unterschiede zwischen Ost und West sind immer dort besonders deutlich, wo sie ungewollt verschleiert werden sollen. Etwa beim Tanzabend in der HO-Gaststätte »Dünenhaus«. Platzkarten für 2,50 Mark gibt es wie zu einer Opernpremiere nur im Vorverkauf, aber mit etwas Westgeld kommt man auch abends rein. Voraussetzung ist in jedem Fall anständige Kleidung, denn schmuddelige Zelterkluft wird hier nicht geduldet. »Unser Ziel: ein hohes gastronomisches Niveau« steht überall auf kleinen Tischkärtchen, und deshalb gibt es auch kein Bier, sondern nur zehn Mark teuren bulgarischen Rotwein »Cabinet«, den der »Herr Ober« korrekt auf Korkengeschmack prüft, bevor er ihn ausschenkt.

Wir treffen auf dieser Tanzveranstaltung auch westdeutsche Landsleute. Ein Würzburger Kaufmann ist mit seiner Familie nach Bansin gereist, »weil Oma immer so schön von Mecklenburg erzählt hat«. Zwei DKP-Studenten aus dem Ruhrgebiet betrachten ihren Urlaub hier als »Akt sozialistischer Solidarität«. Vor allem aber sind es westdeutsche FKK-Fans, die das andere Deutschland als ideales Urlaubsland entdeckt haben. »Wo findet man denn heute noch so schöne große Nacktstrände wie an der roten Ostsee?« fragt ein Dortmunder Bauingenieur, »nirgends!«

Ob FKKler oder DKPist – einhellig sind wir Westdeutschen der Meinung, daß man in keinem Nachbarland der Bundesrepublik so gern gesehen wird wie hier in der DDR. »In Frankreich, Holland, der Schweiz oder Dänemark hat man doch als deutscher Urlauber immer noch so ein schlechtes Gewissen«, sagt uns der Dortmunder. »Hier ist uns zwar vieles fremd, aber irgendwie kommen wir doch alle aus der gleichen Kiste.«

Nach 14 Tagen Urlaub drüben verstehen wir, was er meint.

Magische Geheimnisse in Händen (Dezember 1977)

Unausrottbar ist der Glaube an überirdische Kräfte, die Heilern und Gesundbetern gegeben sind. Wir haben solche Volksmagier gesucht und gefunden.

Was die Bauern im Tal über »Maria vom Bartholomäberg« erzählen, das klingt wie finsterstes Mittelalter. »Die hot scho Todkranke gesundbet und manch Hogelsturm davongwinscht«, hochdeutscht uns Landwirt Franzl Moser, selber ein Patient der Frau. Sogar Krebskranke habe Maria durch Handauflegen kuriert, fast alles Fälle, die von den Ärzten schon als hoffnungslos aufgegeben worden seien.

»Aber wem die Maria ned guat wü«, so der Moser, »dem geht sei Vieh geschwind zum Teifi oder er end sölber im Noarrenhaus.« Die kerngesunde Kuh seines Nachbarn soll im Frühsommer ganz plötzlich keinen Tropfen Milch mehr gegeben haben, und auch die Hühner vergaßen über Nacht das Eierlegen. Der Tierarzt war ratlos, aber das Dorf wußte Bescheid: »Im Fernmelken und Eierziehn, do is die Maria groß.«

Der Weg zur mysteriösen Maria führt steil hinauf durch dunklen Hochwald. Nach einer Stunde zu Fuß klopfen wir an die Tür ihres kleinen Holzhauses am Hang des Bartholomäberges nahe der österreichisch-schweizerischen Grenze. Es öffnet eine schon etwas altersgebeugte Frau mit leuchtendblauen Augen im faltigen Gesicht. Mit ihrem zum Kranz hochgesteckten Haarzopf samt alpenländischer Bauerntracht scheint sie uns eher in eine Ganghofer-Erzählung zu passen als in Grimms Hexenmärchen.

Als Maria hört, daß wir uns für ihre Heilkräfte interessieren, bittet sie uns in ihre Küche. Auf dem Herd dampft ein Topf mit einer streng riechenden, braunen Soße. »Dös is mei Ringelblumensolbn«, sagt sie stolz, »di zieht den Eiter aus de Wund'n, aber auch bei Krampfadern und offene Füass hülft's.« Die Blütenblätter der Ringelblume werden ein paar Minuten in Schweineschmalz gekocht, dann gießt Maria die tranige Flüssigkeit durch ein Sieb in ein Weckglas, »und fertig isch's«. Im Küchenschrank stehen neben Eingemachtem noch ein halbes Dutzend solcher Salben: Hollunder gegen Quetschwunden, Meisterwurz gegen Rheumaleiden, Johanniskraut gegen Schlafwandel. Andere Gläser enthalten Tees aus getrockneten Sarnikel-, Melisse-, Tausendgüldenkraut- und Pfefferminzblättern, »die san guet fürs Bluet, 'n Moagen, 's Hirn, und auch bei Abtreibung hülft's«. Marias Almhütte: eine volksmedizinische Kräuterapotheke, in der jahrhundertealtes Wissen überliefert ist. »I hob des von da Mutter glernt, und die hat's von da Großmutter.«

Aber: Salben und Tees, heiße Wacholderwickel und naturtrübe Selleriesäfte allein könnten gar nichts helfen, denn »d' richtige Kroft kriegt die Soch erscht durch die Sprüch«. Fieber etwa heilt Maria durch den Vierzeiler: »Des Fieber und da Schuß/ senke in den Fluß/ die Schmerz und die Pein/ sollen raus und net rein/ Im Namen des Vaters, des Sohnes und des Heiligen Geistes. Amen.«

Ist der Kranke zu schwach, um auf den Bartholomäberg zu kommen, dann hilft Maria durch Fernbehandlung. »Wenn i den Nam kenn und woaß, wo's föhlt, da bet i mei Gsatzel zum Himmi aufi, am beschten mittags zwischen elf und oans.« Bis ins hundertsechzig Kilometer ferne Innsbruck soll ihre (und des Himmels) Kraft reichen. Dort hat sie angeblich in diesem Herbst einem frisch operierten Krebskranken im katholischen Hospital schon Stunden nach dem schweren Eingriff alle Schmerzen genommen. Die Angehörigen aus dem Dorf könnten das bezeugen.

Wer auf so wundersame Weise dem Menschen helfen kann, der vermag ihnen freilich auch zu schaden.

»Schwarze Sympathie mache«, nennt es Maria, wenn sie nach selbsterlittenem Unrecht den Schuldigen straft. Ihr Bruder hatte sie vor Jah-

Mit einem Christus-Kreuz und sieben Heilsprüchen kuriert der 81jährige Michael B. aus einem Dorf bei Kempten bis zu zwei Dutzend Menschen täglich – von Gürtelrose bis Höhenangst.

ren in einer Erbschaftssache um 10000 Schilling betrogen. »Hundertfach wirst zahl'n«, drohte sie ihm, und ein halbes Jahr drauf wurden seine Kühe und Schweine krank, zwei Wochen später brannte das unversicherte Anwesen ab, und heute sitzt der Bruder in einer Nervenheilanstalt. Schlimmer noch erging es einer Frau, die einmal eine Liaison mit Marias längst verstorbenem Mann hatte. »Zu dir kummt's scho«, weissagte ihr die Schwarze Magierin. Nicht lange dauerte es, da wurde die Nebenbuhlerin während eines Sturms von einer Tanne erschlagen. »Daß des so schlimm kumma is, des hob i net gwünscht«, klagt heute die Alte, »manchmal do fürcht i mi vor mir sölber.«

Jeder vernünftige Mensch, der Maria nicht erlebt hat, wird in diesen Vorgängen nichts als eine Kette von Zufällen sehen. Wer sich aber in ihrer abgelegenen Bergheimat ein wenig umgesehen hat, wer mit ihren naiven und naturverbundenen Nachbarn gesprochen hat, der kann sich wohl vorstellen, welche Furcht einen Menschen unten im Dorf ergreift, wenn er von dieser Frau hören muß: »Zu dir kommt's scho.«

Was die amerikanische Sozialpsychologie heute mit dem Begriff »Selffulfilling prophecy« (Erfüllungszwang) umschreibt, hätte man bis weit ins Zeitalter der Aufklärung einfach als Hexerei betrachtet und entsprechend behandelt. (Die letzte Hexenverbrennung fand im Jahre 1773 in Posen statt.) Auch Maria wäre damals sicher keine 70 Jahre alt geworden, sondern wegen »Milchzaubern«, »Krankheitanhexen«, »Ungezieferrufen« malträtiert und zu Tode gebracht worden, so wie es ihrer Landsmännin Petronella Gorttrin, einer Bäuerin aus dem vorarlbergischen Nenzingen, widerfuhr, die am 5. Juli 1597 auf der Folter erst ganz »zerstreckt«, dann auf dem Scheiterhaufen gewürgt und verbrannt wurde.

Gerade die Kräuterweiber, Gesundbeter und Zauberer, von denen der Vater der modernen Medizin, Paracelsus, nach eigenen Worten »alles gelernt habe, was er wisse«, waren im Mittelalter Opfer der Hexenverfolgung. Krankheiten wurden zu dieser Zeit als Gottesstrafen verstanden, die der Mensch für begangene Sünden zu erleiden hatte. Wer mit heilenden Sprüchen und Salben statt mit frommen Gebeten gegen die Pein anging, der stand mit den dämonischen Kräften der Natur im Bunde und forderte Gott heraus.

Und noch heute fordern die Gesundbeter den Staatsanwalt heraus. »Verstoß gegen das Heilpraktikergesetz« (Höchststrafe: ein Jahr Gefängnis) werfen die Richter denen vor, die in den Alpenländern »Sympathie machen«, in Franken »brauchen«, im südöstlichen Oberösterreich »wenden«, in Nordniedersachsen »raten« und die im hannoverschen Wendland »böten«. Kaum noch in den Großstädten, wohl aber auf dem flachen Land halten sich die wundersamen Heiler hartnäckig. Die Zunft der oft schon greisen Gesundbeter schrumpft zwar rapide, doch nicht der Zulauf zu ihren verstreuten Vertretern, weil sie mittlerweile einen anziehenden Seltenheitswert haben.

Im einsamen Lande Hadeln, einer verlassenen ›Schimmelreiter‹-Landschaft zwischen Bremerhaven und Hamburg, wohnt der 56jährige Heiler Hans T. Auch er stand schon einmal vor dem Richter, doch die Verurteilung zu 300 Mark Geldstrafe hat den Bauern nicht weiter irritiert. »Ick help, wo ick kann. Wo ken Schaden is, dor is ok kein Schuld.«

T. verlangt kein Geld von seinen Patienten – was strafbar wäre –, sondern empfiehlt geschickt: »Wer friwillig en paar Mark dolet, ward sneller gesund.« Um Fehldiagnosen zu vermeiden, behandelt er nur solche Patienten, die vorher schon beim Arzt waren. Leider sind viele Gesundmacher nicht immer so vorsichtig und bringen damit ihre Klienten in Gefahr.

Wie fast alle Heiler im Lande Hadeln hat sich Hans T. spezialisiert und kuriert vornehmlich Warzen, Gürtelrosen und Flechten. Seine Nachbarin Gertrud »löscht« Verbrennungen und »trocknet« Bettnässer. Wer im Stall eine lahme Kuh hat, der läßt sie vom Sohn des Gastwirts besprechen. Im Lande Hadeln, dieser bundesdeutschen Hochburg des Gesundbetens, gibt es noch heute weit mehr Heiler als Ärzte.

Die Sprechzeiten des Bauern T. sind montags, mittwochs und freitags, »dor hev ick de stärksten Nerven«, vorausgesetzt, daß der Mond zunimmt, »denn ohne den geit dat nich, de sugt de Krankheitskiemen in sick ob«. Bei Neumond, wenn die Kundschaft den Kuhstall zum Wartesaal macht, kommt der heilende Bauer oft »erst nach der Sportschau« zum Abendessen.

Seine Behandlung ist denkbar einfach: Bei einer Flechte läßt er seine Hand ganz dicht über die Entzündung kreisen und spricht siebenmal den »Flechtenvers«: »Die Flechte und der Flieder / die beiden tun sich fechten / der Flieder, der gewinnt / die Flechte, die verschwind.«

Gürtelrosen werden dagegen auf Platt verarztet. »Iris und Ros / und all tu som schas nich riten (reißen) / schas nich spliten (platzen) / schas nich häken (haken) / schas nich steken (stechen) / schas vergohn as Dau (Tau) in Gras.«

Während der Bauer neunmal hintereinander seinen Spruch fast lautlos vor sich hin brummelt, muß ein »großer Glockenschlag« zu Beginn einer vollen Stunde »dazwischenfahren«. Warum? »Dat wet noch nich mol de leebe Gott.«

Und daß der Heiler zum Abschluß noch schnell drei Kreuze in die Luft schlägt, kann ebenfalls mit diesem lieben Gott kaum etwas zu tun haben. »In der Kirche, da hep' ick nix verloren«, sagt Bauer T., »ick glöv' an de Natur.« Der Glaube des Medizinmannes und noch mehr derjenige des Heilungsuchenden kann in speziellen Fällen Berge versetzen. Wenn nämlich Leibesbeschwerden vorwiegend eine Seelenursache haben, ein wissenschaftlich als »psychosomatisch« umschriebenes Syndrom. Der Herr Pfarrer im Lande Hadeln hat des Bauern Heilkunst

Im niedersächsischen Land Hadeln, einer Hochburg im Gesundbeten, bespricht der Landwirt Hans T. bei zunehmendem Mond einer Klientin die offenen Beine. Er verläßt sich nicht auf den lieben Gott, sondern vertraut fest auf die »Kraft der Gestirne«.

schon oft als »Budenzauber« verdammt, doch das kümmert diesen wenig: »Der spielt hier bei uns hinterm Deich sowieso nicht die erste Geige. Ich kiek ihm nicht ins Gesangbuch, schall er sich auch bei mir raushalten.«

Während in Norddeutschland der heidnische Ursprung des Gesundbetens noch spürbar ist (Pfarrer Martin Rosenkranz aus Steinau: »Das Wort ›Gott‹ ist in unserer Gegend tabu«), hat es die katholische Kirche im Süden längst verstanden, die magischen Inhalte der Volksmedizin in ihrem Sinne umzumünzen. »An die Stelle von heidnischen Beschwörungsformeln treten christliche Segenssprüche, für Besessenheit wird der Teufel verantwortlich gemacht, und die Mittlerrolle zwischen Mensch und Natur (= Gott) bekam der Klerus zugewiesen«, schreibt Professor Helmut Brackert in dem Buch ›Aus der Zeit der Verzweiflung – Zur Genese und Aktualität des Hexenbildes‹.

Im Kuhstall demonstriert uns der Allgäuer Landwirt Herbert K., wie nahe heidnischer Hokuspokus und christlicher Glaube manchmal benachbart sein können. »Im Namen der Heiligen Dreieinigkeit« streicht er der kranken Kuh »Lotte« mit der flachen Hand über das entzündete

Euter und betet: »Selig isch der Tag, an dem unser Herr Jesus Christ geboren isch / selig isch der Tag, an dem unser Herr Jesus Christ gestorben isch / selig isch der Tag, an dem unser Herr Jesus Christ aufgestanden isch. / Des sind die hoilig drei Stunde / da still ich dir, Lotte, dein Blut / und heile deine Wunden. Amen.«

Die Kuh muht. Herbert K. holt aus seiner Jackentasche ein Fläschchen mit geweihtem Wasser und bekreuzigt jede Zitze des Tieres. »Wenn der Herbert nit mehr helfe ka, dann hilft nur noch der Metzger«, sagt der Eigentümer des kranken Tieres. Hat das Gesundbeten Erfolg, bekommt K. am Schlachttag von seinem Klienten »a guats Stück Fleisch«. Bleibt der Erfolg aus, läßt der Wundertäter nach der Kirche im »Schwan« eine Runde springen. So einfach ist das.

Problematischer schon scheint seine Therapie zu sein, wenn kranke Menschen nach Herbert K. rufen. Fehlt's beispielsweise an der Leber, verschreibt der 81jährige Rentner eine »Knödelkur«. Seinen Morgen-Urin und Roggenmehl soll der Patient zu Knödel kneten. »Die wern in Stroh eingebunden und am Seil in a fließend Wasser ghängt. Dann umdrehe, siebe Vaterunser bete, hoimgehe und mit niemand drüber schwätze. Wenn die Fisch mit der Zeit die Knödel aus dem Sack gfresse ham, dann isch die Leber wieder gsund.«

Gegen Schlafwandeln hülfen heiße Dachziegel unterm Kopfkissen. Bei grauem oder schwarzem Star verschreibt der Rentner Schnupftabak »Landshuter Schmelzer«, seine Hausmarke. Wenn Rheuma, Gicht oder Ischias plagen, reibt er die Kranken mit seinen dorfbekannten Salben ein, die er aus Katzenfett, Alienstock-Extrakt, Knoblauch, Meerrettich und einem Fingerhut Petroleum zusammenbraut. »Es gibt nix Besseres«, sagt der Amateurdrogist, »da sind die Leut' scho mit zwei Stöcke ankroche, und nach Heim sind's gange.«

Tag für Tag verarztet Herbert K. ein halbes Dutzend Menschen. Viele ältere Leute kommen, zumeist ist es Landvolk, nur gelegentlich ist auch mal »a Ros oder a Warz aus der Stadt dabei«.

Was treibt die Leute zum Wunderheiler K.? Im Mittelalter waren die Gesundbeter und Kräuterweiber die einzigen, die sich um die Volksgesundheit kümmerten, denn man mußte schon ein Edelmann sein, um sich einen Leibarzt leisten zu können. Heute aber hat jeder seinen Krankenschein. Mag auch die ärztliche Versorgung der Landbevölkerung in einigen Gebieten, wie hier im oberen Allgäu, nicht immer ganz ausreichen, so ist doch überall in zehn Kilometern Umkreis ein Arzt zur Stelle. Trotzdem hält die Nachfrage nach den Sprücheklopfern an. Herbert K. sagt, warum das so ist: »Der Doktor, der gibt Tablette oder Spritze oder der metzgert glei, und wenn's it hilft, und die Leut sind kränker als zuvor, dann komm's zu mir.«

Der Heiler spricht ihre Sprache, kennt ihre Probleme. Mit vielen Patienten saß er schon gemeinsam auf der Schulbank. Bei ihm brauchen die Leute keine Drogen zu schlucken, mit seinem Hokuspokus »ist er selber die Droge«, wie der Psychosomatiker Professor Arthur Jores es nennt.

Für manche Gesundbeter haben alle Krankheiten dieser Welt nur eine Ursache: »Den Leibhaftigen«. Schon seit über 50 Jahren beobachtet der schwäbische Bauer Alois H., geboren 1888, den Teufel in seinem »Erdspiegel«, einer alten Glaslinse, die er vor dem Ersten Weltkrieg nach den Anweisungen einer »weisen Frau« auf einem Kreuzweg vergrub, damit eine Leichenprozession und eine Hochzeitszug darüber hinwegschreiten konnten. Danach schaufelte er die Linse in einer Vollmondnacht wieder heraus. Der Meßdiener des Dorfes schmuggelte sie am folgenden Sonntag in die Kirche und legte sie unter den Altar, damit der Pfarrer ungewollt seinen Segen darüber sprechen konnte. Seitdem der »Erdspiegel« solchermaßen »geweiht« ist, kann Alois H. mit ihm erkennen, ob eine Krankheit von einem rachsüchtigen Neider »gewunschen«, d.h. angezaubert, ist oder ob organische Leiden vorliegen. Nur im letzteren Falle schickt H. seine Leute zum Arzt. Bei Verwünschungen bannt der Laienexorzist das Übel durch eine Beschwö-

Kühe »besprechen« und Menschen mit allerlei Salben von ihren Plagen befreien, das gehört zur Praxis des 81jährigen Allgäuer Rentners Herbert K. Wenn seine wunderlichen Tierheilungen einmal nicht funktionieren, gibt er für die Bauern eine Runde aus.

rung. »Oh, du Erz-Zaubergeist, du hascht diesen Mensch agriffe / so falle wieder ab von ihm in Mark ond Bein / Alle böse Geischter sollet weiche / die zur Reschte ond die zur Linke / die vor mir ond die hintr mir / die unter mir ond die über mir / sie sollet weiche im Name der Heilige Dreifaltigkeit.«

Was hier am ehesten an kindliche Auszählreime erinnert, hat sein Vorbild im »Großen Exorzismus« der katholischen Kirche, im ›Rituale Romanum‹ aus dem Jahre 1614: »Ich beschwöre dich, alte Schlange, Übertreter der Gebote, du Verführer voller List und Trug, du Feind der Tugend, du grauenhaftester, du nichtsnutziger Drache.« Noch im vergangenen Jahr wurden diese Worte von zwei autorisierten Geistlichen vor der »besessenen« Pädagogik-Studentin Anneliese Michel, 23, gesprochen, die dann später an Unterernährung starb.

Der strenggläubige Katholik Alois H. hat durch seinen »Erdspiegel« den Teufel schon an die »zehntausendmol« gesehen. Allein in seinem Dorf gäbe es fünf Menschen, die von über sechshundert Dämonen besessen seien.

Auf meine Reporterfrage, warum mein linkes Ohr seit einigen Monaten so merkwürdig rausche, lugt Alois H. in seine Zauberlinse und murmelt »Verwünschung«. Wer aber will mir Böses? Auch das beantwortet der Seher. Ich muß die Namen derer aufzählen, mit denen ich privat oder im Beruf zu tun habe. In meiner Verwandschaft soll niemand mir übel wollen, auch nicht unter den Kollegen, so scheint es zunächst. Doch dann, während ich weitere Personen herunterbete, fällt der Name, der Alois zusammenzucken läßt: Ted Sommer, mein angeblich von 140 Dämonen besessener Zeitungschef.

Was ist an den Heilern so wunderbar?

Psychosomatik – Die Beziehungen zwischen Leib und Seele bei Krankheiten / Von Professor Arthur Jores, Hamburg, einem der Mitbegründer der Psychosomatik in Deutschland

Das Wort Psychosomatik besteht aus zwei griechischen Wörtern, Psyche = Seele, Soma = Leib. Bis in unsere Tage hat die Medizin im Falle einer Krankheit sich fast ausschließlich mit dem Leibgeschehen beschäftigt, das den Gesetzen der Naturwissenschaften unterliegt. Wie erfolgreich dies war, weiß jeder, aber dennoch blieben in der Krankheitslehre große Lükken. Heute erkennt man, daß die Auffassung, Krankheit sei ein reines Leibgeschehen, und deswegen brauche der Arzt sich um die seelischen Vorgänge seiner Patienten nicht zu kümmern, falsch ist. Alles Lebendige ist eine untrennbare leibseelische Ganzheit. In der Physik gibt es vergleichbare Phänomene, so Materie und Energie, oder die Beschaffenheit des Lichtes, das sowohl Wellenbewegungen als auch Korpuskularstrahlung ist. Nils Bohr sprach von Komplementarität. So ist es auch mit Leib und Seele. Sie sind komplementär.

Bei seelischen Vorgängen finden sich elektrische Phänomene in dem entwicklungsgeschichtlich ältesten Hirnteil, dem Stammhirn. Krankheit auslösende Ursachen können in dem einen oder in dem anderen, aber auch in beiden Bereichen liegen. Wenn aber Krankheit vorhanden ist, ist sie immer ein leib-seelisches Gesamtgeschehen. Die Heilung eines Knochenbruches ist nicht nur von der richtigen chirurgischen Versorgung abhängig, sondern auch von der seelischen Einstellung, die der Patient zu diesem Ereignis hat. Ein wenig schwieriger zu verstehen ist es, wie sich körperliche Veränderungen einstellen können, wenn die Ursache im seelischen Bereich gelegen ist. Wie uns zuerst Sigmund Freud gelehrt hat, gibt es im seelischen Bereich Vorgänge, die nicht im Bewußtsein erkannt werden.

Hier ein Beispiel: Da ist eine allseits geschätzte und tüchtige Sekretärin, die in ihrer Jugend mit Strenge und wenig Liebe erzogen wurde. Sie war artig und fügte sich in alles im Gehorsam. An ihrem Arbeitsplatz ereignet es sich nun oft, daß andere sie um Hilfe bitten und ihr Arbeit zuschieben. An einem Abend will sie ins Theater. Aber da kommt eine Kollegin und bittet sie, doch noch zusätzlich etwas für sie zu erledigen. Sie kann nicht »nein« sagen, übernimmt die Arbeit, kommt nicht mehr ins Theater, aber nun stellen sich Kopfschmerzen ein, die langsam heftiger werden und sie schließlich zum Arzt führen. Der Arzt stellt fest, daß der Blutdruck erhöht ist. Sie selbst hält ihr Verhalten für »normal«, denn sie war es ja immer so gewohnt. Aber ein anderer Teil in ihr protestiert, sie spürt es kaum, es ist aus dem Bewußtsein verdrängt.

Ärger und Wut erhöhen bei jedem Menschen den Blutdruck, und wenn beides nicht erlebt wird, so wirken diese Affekte in Permanenz. Der Vermittler für den körperlichen Bereich ist das vegetative oder unwillkürliche Nervensystem. In ihm sind, zusammen mit dem Stammhirn, alle seelischen Vorgänge repräsentiert. In einer Zeit, in der die Menschen noch instinktiv um die Einheit von Leib und Seele wußten, müssen die vielen, in allen Sprachen vorkommenden Redensarten entstanden sein, die auf diese Zusammenhänge hinweisen. Auf dieser Basis sind auch die Erfolge von Heilkundigen und Wundertätern zu verstehen.

Wenn man von einem Menschen sagt, daß er den Ärger in sich hineinfrißt, dann ist das nicht symbolisch zu verstehen, sondern eine Wirklichkeit, die sich in Magenbeschwerden äußert. Wenn ein solcher Mensch ein Geschwür hat, das perforiert, so hat er sich »ein Loch in den Bauch geärgert«. Unsere Sekretärin hat sicher immer mit einem unfrohen Gesicht an ihrer Schreibmaschine gesessen, denn das Vegetativum steuert auch die Ausdrucksbewegungen. Wie einem Menschen zumute ist, können wir an seinem Gesicht ablesen. Es ist eine averbale Sprache, die jeder Mensch versteht. Diese betrifft auch die inneren Organe. Menschen früherer Zeiten verstanden dies, wie die Redensarten uns lehren.

Die Ärzte müssen wieder lernen. Solche seelisch bedingten Krankheiten können durch Medikamente nur symptomatisch beeinflußt, aber nicht geheilt werden. Den Weg zur Heilung hat Freud aufgewiesen. Dabei ist der Arzt die wichtigste Droge.

»Jedr gibt, wos'r konn, und krigt, wos'r braucht« (August 1979)

Die Hutterer. Ihre Muttersprache ist Deutsch; Deutschland jedoch haben sie seit Jahrhunderten nicht gesehen. Denn seit fast 450 Jahren sind sie Verfolgte und Vertriebene nur um ihres Glaubens willen. Heute leben sie abseits der Highways in der kanadischen Prärie – in »Archen«, wie sie ihre Siedlungen nennen, außerhalb der Welt, die für sie nichts als »ein Meer der Sünde« ist. Privateigentum kennen sie nicht, ihr Gesetzbuch ist die Bibel.

Träume ich? Sitze ich hier wirklich in der Sonntagsschule und rolle mit scheinheiliger Miene spuckeverkleisterte Löschpapierkugeln? Und sind dies meine Mitschüler? Die Jungen auf der linken Seite des schmucklosen Schulraums, in mönchsschwarzen Jankern, die Mittelscheitel wie mit einem Lineal gezogen, die Schnürschuhe blitzblank? Und auf der rechten die Mädchen, ein Schneegestöber aus weißgepunkteten Kopftüchern, kaum zu sehen die blassen Gesichter über hochgeschlossenen Kragen, kaum zu sehen irgend etwas außer weiter, wallender Tracht – träume ich?

Ja, ich träume; aber dieser Traum ist wahr! Ich sitze hier wirklich, auch ich im Einheitsjanker, mit Linealscheitel und blanken Schuhen, von meinen Nachbarn kaum zu unterscheiden, mir selbst schon seit Monaten ein Fremder – ein Hutterer.

Denn schon seit Monaten, die mir wie Jahre erscheinen, lebe ich in der »Brudergemeinde Waterton« und entdecke mitten im nordamerikanischen Westen, am Fuße der kanadischen Rocky Mountains, ein Stück lebendiger deutscher Vergangenheit: das in Deutschland längst vergessene Volk der Hutterer, Anhänger des 1536 in Innsbruck auf dem Scheiterhaufen verbrannten Wiedertäufers Jakob Hutter, seit 450 Jahren auf leidvoller Pilgerschaft durch die ganze Welt, »ein Herd' Schaf ins Feld getrieben«, wie's in der Hutterer-Chronik steht.

Bis heute sind die Hutterer ihren Mitmenschen vor allem deshalb ein Dorn im Auge, weil sie die Bibel strikt beim Wort nehmen. Die Zehn Gebote sind ihnen wirklich Gebot, Kriegsdienst und Ehebruch ein Greuel, Fluch und Neid vom Teufel. Damit sie ihren Nächsten lieben können wie sich selbst, haben die Hutterer 300 Jahre vor Karl Marx das Privateigentum abgeschafft und leben seither nach dem Grundsatz: »Jedr gibt, wos'r konn, und krigt, wos ihm not ist.« Das war im Reich Kaiser Karls V. eine ebenso provokante Lebensmaxime wie heute in der Welt von General Motors und McDonald's. Die mehr als 25000 Hutterer wohnen in 200 kleinen Kolonien, sogenannten Brudergemeinden oder »göttlichen Archen im Meer der irdischen Sünde«, weit abseits der

Highways und verstreut über die Prärie. Zwei Drittel sind Kanadier, die übrigen US-Bürger.

Doch zunächst und vor allem empfinden sich die Hutterer als Hutterer, als »Gottes heiliges Volk, das Er sich auf dem ganzen Erdenkreis auserwählet und berufen hat aus allen Völkern«, wie es in einem hutterischen Kindergebet heißt, »darum wir auch von allen Menschen verschmähet, verfolget und verhasset sein«.

Auf unseren Knien beten wir diese Worte wie immer zu Beginn der Sonntagsschule. Der Schullehrer Paul Hofer vorn am Katheder, ein hagerer ernster Mann Mitte vierzig, schlägt Punkt und Komma, wenn er meint, daß sie fällig seien, mit der flachen Hand auf die Tischplatte, vergebens bemüht, ein wenig Betonung in unser nuschelndes Gebetsgemurmel zu bekommen: »Wir kleinen und unmündigen Kindelein bitten Dich auch alle gar von ganzem unserem Herzen, laß uns von Jugend auf in Deiner Furcht, in Deinem Gehorsam und Deiner Wahrheit auferzogen werden.«

Hätte ich den Gebetstext nicht vor Augen, ich könnte mich selber nicht verstehen. Ganz gleich, wie verzögert der Lehrer auch den Takt schlägt, in der Windeseile von sieben Minuten geht es durch die 14 Gebetsstrophen; denn der Holzfußboden ist hart, und die Knie schmerzen. Nach dem langgezogenen »Oohmen«, das wie ein erleichtertes »Endlich« klingt, dürfen wir uns wieder setzen.

Lehrer Paul rückt mit großer Geste seine Brille mit den kreisrunden Gläsern ganz vorn auf die Nasenspitze und blättert in seiner abgegriffenen Bibel. Er sucht den Text, den wir heute morgen in der »Lehr«, dem Gottesdienst der Gemeinde, gehört haben. Als er ihn gefunden hat, blickt er auf und schaut über den Brillenrand genau zu mir. »No, Miechel«, ruft er gestreng und meint wirklich mich, »den Miechel, der von Deitschlond kumme ist, uns Huttrische zu lerne kehne«.

Aber ganz gleich, ob ich nun aus Deutschland komme oder vom Mond, für den Lehrer Paul bin ich ein »Englischa«, ein »Weltmensch von da daust«, wie jeder von außerhalb der Gemeinde, kindsgetauft und daher noch unmündig. Weil die huttrischen Wiedertäufer die Taufe nur anerkennen, wenn sie bewußtes Glaubensbekenntnis des erwachsenen Christen ist, muß ich trotz meiner 31 Jahre wie alle Ungetauften auch wieder die Sonntagsschulbank drücken. »Willst hier lebn, mußt zu uns einipossn«, sagt mir Paul mehrmals am Tag. Also behandelt er mich wie einen Hutterer und fragt: »No, Miechel, wos host ghert heit bei dr Lehr?«

Ich rapple mich aus meiner viel zu engen Schulbank, ganz hinten in der letzten Reihe, die Löschpapierkugel noch immer zwischen Daumen und Zeigefinger. Zwölf Mittelscheitel und 16 Kopftücher drehen sich nach mir um. Ich bin nervös wie ein kleiner Konfirmand. Heute Morgen hat der Prediger Elias Wurz, ein Schwager von Paul Hofer und geistiges

Oberhaupt der Brudergemeinde, zwei Stunden über den ersten Brief des Johannes gepredigt. Es war wie in jeder Predigt wieder viel Rede von Licht und Finsternis, von himmlischem Frieden und ewiger Verdammnis. Den sechzehnten Vers des zweiten Kapitels habe ich mir gemerkt: »Denn alles, was Welt ist«, zitiere ich die Bibel mit niedergeschlagenen Lidern, »des Fleisches Lust und der Augen Lust und hoffärtiges Leben, ist nicht vom Vater, sondern von der Welt.« Der Lehrer nickt. »Setz di nidr«, sagt er milde und zwirbelt seinen lichten schwarzen Vollbart, »dr Miechel, dr waß, wos'r do sogt, dr kummt von dr Welt. Fressn, saufn, hurn, dos geht in Deitschlond grod so um wie in Kanada.«

Ich fühle mich wie an den Pranger gestellt; aber der Lehrer meint es gar nicht so. Im Gegenteil, ihm imponiert es fast, wie so ein »Weltmensch«, der ja nichts dafür kann, daß er in der Welt geboren wurde, es überhaupt bei den Hutterern monatelang aushält, in der Enge der heiligen Gemeinschaft auf dem schmalen steinigen Weg, der allein zum ewigen Leben führt, ganz ohne Fleischeslust, Augenlust und hoffärtigem Leben.

In Strenge und Einfachheit leben hier, in der Brudergemeinde Waterton, 87 Menschen so dicht beieinander, als gebe es in diesem Meer sanfter Hügel und weiter Täler, das nur im Westen vom Fels der Rocky Mountains begrenzt wird, nicht Raum genug. Aus der Distanz erinnert Waterton ein bißchen an das Lager Friedland: die sechs grauen, langgestreckten Wohnbaracken, eine Dreierreihe im Norden, eine im Süden, die Gemeinschaftsküche im Osten, die Schule im Westen, und etwas abseits die Stallungen, die Werkstätten und die Scheunen.

Arbeiten, beten, essen, schlafen – huttrisches Leben.

Einfach und klar wie das äußere Bild der Kolonie ist auch deren Struktur. »Gott ist der Herr des Himmels und der Erde« (Matthäus 11,25) und damit auch Herr der Hutterer, seinem heiligen Volk. Gottes Stellvertreter in Waterton ist der gewählte Prediger Elias Wurz, über die Gemeinde gestellt wie ein Hirte über seine Herde, »der euch weiden soll mit Lehre und Weisheit« (Jeremias 3,15). Ihm zur Seite stehen die vier Gerichtsbrüder: der 74jährige »Säckelmann« oder »Hauswirt« Elias Wurz, Vater des Predigers, der »Weinsedl« Johannes Hofer, 49, zuständig für die Organisation der Arbeit in der Gemeinde, der Schullehrer Paul Hofer und dessen Bruder Georg, genannt der »Hihnerjerg«, weil ihm die 2000 Hennen in den Legebatterien unterstehen. Die Gerichtsbrüder werden vom »Stiebel«, der Versammlung aller getauften Männer, gewählt und sind ihm Rechenschaft schuldig.

Frauen haben kaum etwas zu sagen, weder in der Kolonie – »eure Weiber lasset schweigen in der Gemeinde« (1. Korinther 14,34) –, noch in der Familie – »der Mann ist des Weibes Haupt« (Epheser 5,23). Nicht zufällig nennt sich Waterton eine »Brudergemeinde« und läßt die Schwestern unerwähnt. Sie haben Kinder zu bekommen, ein knappes

Dutzend im Schnitt. In den vergangenen hundert Jahren hat Gottes heiliges Volk sich alle 15 bis 25 Jahre verdoppelt – »Seid fruchtbar und mehret euch« (1. Moses, 1,22). So bilden die Kinder und Jugendlichen in Waterton auch fast eine Zweidrittelmehrheit, die der Schullehrer mit alttestamentarischer Strenge unter Kontrolle hält.

Am Ende der Sonntagsschule, nachdem wir alle unser »Spriechl« aufgesagt, ein frommes »Liedl« gesungen und noch einmal auf Knien gebetet haben, zieht Schullehrer Paul einen armlangen Lederriemen aus der Schublade, auf dem in Sütterlinschrift die Worte stehen: »Paul's liabe Ruthen«, ein unverwüstliches Erbstück vom Vater. Dann winkt er mit dem Zeigefinger den neunjährigen Johannes und den ein Jahr jüngeren Heinrich zu sich vors Pult. Worte werden nicht gemacht. Alle wissen wir, was die Stunde geschlagen hat. Johannes und Heinrich sind gestern beim Schlittschuhlaufen ertappt worden, auch dies in den Augen der Hutterer eine Form von Fleischeslust. Darauf stehen zwölf »Deitsche«.

Schweigend legt sich Johannes als der Ältere über den Fußschemel des Lehrers. Ein Dutzend weit ausgeholter Hiebe gehen auf seinem strammgezogenen Hinterteil nieder. Der Junge windet sich wie ein Wurm am Angelhaken. Mit den bloßen Händen versucht er, die Wucht der »Deitschen« aufzufangen, aber das tut wohl fast noch mehr weh. Sein Freund Heinrich, der andere Schlittschuhläufer, bekommt schon vom Zusehen Tränen in die Augen. Über ihm gerät der Schulmeister dann so ins Schwitzen, daß er's mit zehn Schlägen gut sein läßt.

Nach der Peitsche gibt's »Schutenhonkelich«, das huttrische Honigbrot. Die beiden Schlittschuhsünder an den Händen, als sei gar nichts gewesen, zieht Paul mit uns von der Schule über den von den Wohnhäusern flankierten Hof in die Gemeinschaftsküche, huttrisch die »Kuchel« zum »Lunschen«. Dort haben die Frauen das goldbraune Backwerk aus Mehl, Honig und Zimt schon auf der Anrichte. Im Vorbeigehen greift sich jedes Kind einen Keks, zuerst die Jungen, dann die Mädchen, die Älteren vor den Jüngeren. Und dann erst bedient sich Paul.

Wir setzen uns um die polierten Aluminiumtische, auch hier wie überall nach Geschlechtern getrennt und dem Alter nach geordnet. Katharina Hofer, »Paul sana Olta«, und deren Schwägerin Susanna Wurz, zwei kugelrunde Mütter mit insgesamt bisher 17 Kindern, schütten uns den wässrigen Jugendherbergskaffee aus kolossalen Blechkannen in die grünlichen Plastikbecher. Sie haben wie jede Frau im Alter zwischen 16 und 50 Jahren einmal in sechs Wochen Küchendienst, die »Kuchwuch«, müssen das Essen kochen, die »Kuchel« sauberhalten und servieren. Den Abwasch erledigen alle Frauen der Kolonie nach jeder der drei täglichen Hauptmahlzeiten gemeinsam, so wie sie auch gemeinsam Brot backen, den Fußboden der Schule wischen, im Sommer Unkraut hacken oder Sonnenblumenkerne ausklopfen. Hutterer sind nur ganz selten allein, die »Gmahschoft«, das Zusammensein, ist ihr Lebensprinzip.

Hutterisches Leben in der Gemeinde Waterton.

»Gelunscht« wird zwischen den großen Mahlzeiten, nicht in den Erwachsenen- und Kinderspeisesälen, sondern in der Küche neben den immer makellos sauberen Öfen und Kesseln. »Ranlichkat is dr erschta Schriet zur Seligkat«, sagen sie.

Jeder hat jetzt seinen Kaffee, und so falten wir die Hände. Paul betet laut: »Wir bitten Dich, Herrgott, himmlischer Vater, segne alle diese Deine Gaben, die wir durch Deiner reichen milde güte Hand zu uns nehmen und empfangen haben durch Jesum Christum. Amen.« Stumm knabbern wir unsere »Schutenhonkelich«. Essen ist für Hutterer ein sakraler Akt, jeder Keks und jede Kaffeebohne eine Gabe Gottes, die man würdigt durch Schweigen. Wer noch eine Tasse Kaffee haben will, sagt kurz »Koffie«, und schon kommen Katharina oder Susanna und schenken nach. Tischmanieren gibt es eigentlich keine. Georg, Jacob, Johannes, mit sechs Jahren die kleinsten »Mandl« dort hinten am Tischende, baggern mit ihren Händen die eingeweichten Kekse aus den Kaffeebechern, ohne daß Paul einschreitet. Hauptsache, alles geht möglichst schnell und vor allem ohne viel Genuß die Kehlen hinunter.

Denn Genuß gebiert die Sünde, und die Sünde führt geradewegs ins Fegefeuer. »Hier in lauter Freuden schweben, macht im Tode lauter Not, aber auf ein traurig Leben, folgt ein freudenreicher Tod«, heißt es in Pauls Lieblingslied. So sind er und seine Glaubensbrüder bemüht, das

Leben in der Gemeinde so lustlos wie nur irgend möglich zu führen, was nicht immer ganz leicht ist, wie Paul zugibt, »weil mir Huttrischen holt auch aus Flasch und Bluet san.«

Da »die Sünde herkommt von einem Weibe« (Sirach 25,32), ist es den huttrischen Frauen und Mädchen geboten, alles zu verbergen, was Männeraugen Lust bereiten könnte. Die ungeschnittenen, oft knielangen Haare werden jeden Samstag nach dem Wochenendbad im Waschhaus gezöpft, mit Schnüren und Spangen zu einem Dutt zusammengeknebelt und unter gleich doppelter Kopfbedeckung versteckt, der »Mitz« und dem gepunkteten »Tiechl«. Die dunkelfarbigen, schwarz, grün, grau oder blau karierten Röcke der Frauen dürfen höchstens drei Inches (knapp acht Zentimeter) oberhalb der Knöchel enden. Kürzer wäre vom Teufel, in den Augen des Schullehrers schon der Anfang vom Minirock. Die Männertracht ist betont einfach. Der breitkrempige Hut, der Janker mit Haken-und-Ösen-Verschluß, die Hose, gehalten von breiten Trägern, den »Latrn«, das solide Schuhwerk – alles ist schwarz und »demiatig«.

Auf dem 7000 Acres (2830 Hektar) großen Gelände der Waterton-Kolonie finde ich keine einzige gepflanzte Blume, und auch in den Wohnhäusern gibt es nichts, was das Auge »glusteln« könnte, keine bunten Tapeten, keine Bilder an den Wänden, keine Schnickschnack-Souvenirs aus Miami Beach im Regal und schon gar kein »Tifi« in der Ecke. Statt dessen weiß gestrichene Stuben, simple Stühle, Tische und Betten aus der eigenen Tischlerei, selbstgeknüpfte Lumpenteppiche am Boden, die nackte Glühbirne genau in der Mitte der Zimmerdecke.

Solche Einfachheit und Klarheit wirkt, vergleiche ich sie mit den überladenen Konsumbuden der Welt, aus der ich komme, geradezu befreiend. Ich muß an die Bilder alter holländischer Meister denken, wenn ich im Vorbeigehen in so ein Fenster schaue und Rachel, Pauls Älteste, unterm Kopftuch über die Nähmaschine gebeugt sehe, umgeben nur von weißen Wänden. Und welche Wohltat, abends mit Pauls Großfamilie »in dr Rund« zu sitzen, mit Schwiegervater Elias, dem grauhaarigen Greis, als zentraler Figur auf der Sitzbank, eingerahmt von dessen sechs Söhnen, Elias, Joshua, Johannes, Georg, Jacob und Andreas. Hinterm Ofen hockt der »Wabrhaufen«, Pauls dicke Katharina mit Schwägerinnen und Cousinen, die wirbelnden Stricknadeln in den Händen, auf dem Fußboden nichts als Kinder, die Orgelpfeifen von Paul, alle neune beieinander, dazu viele seiner ungezählten Nichten und Neffen, aber auch die Söhne und Töchter von Besuchern aus anderen Gemeinden.

Fast jeden Abend sitzen wir so beieinander, 20 bis 30 Hutterer in einem gar nicht großen Raum, und genügen uns selbst. Ob die Chinesen nun Coca-Cola trinken dürfen, mit wem Madame Trudeau fremdgeht, ob Deutschland Fußballweltmeister geworden ist, dies alles ist hier niemandem wichtig, selbst mir nicht, der früher drei Zeitungen am Tag las und hinter den Neuigkeiten her war wie der Teufel hinter der armen Seele.

Die Neuigkeiten, die uns hier bewegen, sind bald ein halbes Jahrtausend alt. Sie sind überliefert im 900 Seiten dicken ›Liederbichl‹, der gesungenen Leidensgeschichte der Hutterischen Brüder und Schwestern. In 50 Strophen wird da zum Beispiel das Leben des ehemaligen Württemberger Mönchs Michael Sattler erzählt, eines Urahnen der Hutterer, dem am 21. Mai 1527 zu Rottenburg am Neckar folgendes widerfuhr:

»Der Henker tat ihn nehmen / Führen ihn auf den Platz in der Stadt / Tat ihm die Zung abschneiden / Nach dem tyrannischen Rat / Demnach auf einen Wagen schmieden / Waren mit dem noch nit zufrieden / Ihn mit feurig glühnden Zangen / Zweimal sein Leib angangen / Noch konnten's nit satt werden / In allem wie gehört / Er wurdt von dieser Erden / Ja ganz zum Tod ermördt / Zum Aschen und Pulver verbrännt / Also gings mit ihm zum Änd.«

Schullehrer Paul liest jede Zeile mit kehliger Stimme aus dem Liederbuch vor, und alle Anwesenden singen seine Worte nach, machen durch schrilles Klagen ihrer Betroffenheit Luft, schreien sich die Angst vor der verteufelten Welt aus der Seele, eine Angst, die heute noch fast so groß ist wie zu Zeiten jenes Michael Sattler.

Wie der Michael Sattler wurden im Mitteleuropa des 16. Jahrhunderts Tausende von Christen, denen Luther, Calvin und Zwingli mit ihrer Reformation nicht weit genug gegangen waren, gefoltert und gemordet. Sie weigerten sich, ihre Kinder taufen zu lassen, der Obrigkeit Eide zu schwören und das Schwert zu ergreifen, selbst »wenn der Türk ins Land käm«.

Anders als die meisten Wiedertäufer, wie etwa die Mennoniten oder die Amische, verpflichteten sich die Hutterer zum Gemeineigentum. »Alle aber, die gläubig waren geworden, waren beieinander und hielten alle Dinge gemein«, heißt es in der Apostelgeschichte des Lukas, und das bedeutet für Jakob Hutter, den Hutmacher aus Tirol, die Verpflichtung zu einem christlichen Kommunismus. Unter dem Schutz des hussitischen Kleinadels sammelte er in Mähren die religiösen Flüchtlinge aus Süddeutschland, Österreich und der Schweiz in ersten Brudergemeinden.

Nachdem militante Wiedertäufer 1535 die Stadt Münster in ihre Gewalt gebracht hatten, verstärkte sich der Druck auf die Verfolgten in Mähren. Hutter floh mit seinen Glaubensgenossen in die Wälder; doch viele wurden gefaßt, in Kerkern zu Tode gefoltert und, wie Hutter, lebendig verbrannt oder als Sträflinge auf die habsburgischen Galeeren nach Triest verschleppt, um gegen die Türken zu rudern.

»Anno 1556 ist an großr Kometstern mit sehr longem Besen am Himmel gwe«, hat Schullehrer Paul in alten Chroniken gelesen, ein Zeichen

Gottes, den Irdischen zur Warnung. Danach entspannte sich die politische Lage etwas. Die Hutterer siedelten in hundert Gemeinden und brachten es auch dank ihres großen Fleißes zu einem bescheidenen Auskommen.

Doch 1593 kamen die Türken, und mit ihnen der Krieg. Ein Lied besingt, was sich zugetragen hat:

»Der Feind tät erschrecklich umrennen / Mit Rauben, Mörden und Brennen / Ja jedermann konnt ihn dabei erkennen / Groß Mutwill täten sie treiben / Mit Alt, Jung, Mann und Weiben / Schonten nicht das Kind im Mutterleib / Die Säugling und viel kleine Kinden / Täten sie auf ihre Roß binden / Nach ihrer Art / An Seiten, vornen und hinten / Dies täten die Mütter sehen / Vor ihren Augen ist es geschehen / Da erhob sich viel Weinens, Klagen und Flehen.«

Viele Gemeinden wurden geplündert und niedergebrannt, mal von den Türken, mal von deren Gegnern, den für Habsburg streitenden Ungarn. Als die Horden Suleimans II. nach Jahren endlich besiegt waren, brach der Dreißigjährige Krieg aus – die Hutterer blieben die Geschlagenen. 1622 befahl der Kaiser und böhmische König Ferdinand II. den Hutterern, sein Mährenland binnen vier Wochen zu verlassen, sofern sie nicht zum katholischen Glauben überträten. »Wie die Kinder Israel sein mir gonge«, erzählt Paul, als sei er selber dabeigewesen.

Auch in Ungarn, der nächsten Station ihrer Pilgerschaft, erging es den Brüdern nicht besser. Maria Theresia schickte ihnen im 18. Jahrhundert Jesuiten auf den Hals, ließ ihre Predigtbücher verbrennen und ordnete an, daß man die Hutterer mit Stockschlägen katholiziere. Zermürbt von endlosen Verfolgungen, ergaben sich viele Auserwählte der weltlichen Gewalt. Einige aber flohen über die Berge nach Rumänien und von dort nach Rußland, wo sie als tüchtige Handwerker und Bauern von den Herrschenden mit offenen Armen empfangen wurden. Doch als sie nach hundert Jahren in der Ukraine Sümpfe und Urwälder in blühendes Akkerland verwandelt hatten, befahl der Zar den Hutterern, Kriegsdienst zu leisten. Knapp tausend Männer, Frauen und Kinder schnürten daraufhin ihr Bündel und zogen 1874 nach South Dakota in die USA:

»Jetzt ist die Zeit und Stunde da / Daß mir ziehn nach Amerika / Die Pferde sind schon angespannt / Wir ziehen in ein fremdes Land / Und wenn das Schiff zur See einschwimmt / Dann werden Liedl angestimmt / Wir fürchten keinen Wasserfall / Der Liebe Gott ist überall.«

Aber selbst in der Neuen Welt kamen die frommen Einwanderer nicht zur Ruhe. Während des Ersten Weltkriegs mußten viele »Hutterite Huns«, huttrische Hunnen, wie sie von antideutschen Amerikanern geschimpft wurden, in Militärlagern Mißhandlungen erdulden. Zwei Glaubensbrüder, Jacob Wipf und David Hofer, wurden auf der berüchtigten Gefängnisinsel Alcatraz zu Tode gequält. Nach dem Krieg ließen sich die meisten Hutterer in Kanada nieder.

Nachdem mir Paul die Geschichte seines Volkes erzählt hat, verstehe ich, weshalb man mir in Waterton einen so kühlen Empfang bereitet hatte, als mich an einem schneeverwehten Januartag ein Lastwagen vor dem Kuhstall der Kolonie absetzte. Da stand ich nun, ich »Weltmensch«, keine Menschenseele weit und breit, nur das stumme Glotzen des Holsteiner Milchviehs. Es dauerte eine Ewigkeit, bis sich das Kuhstalltor einen Spalt breit öffnete und eine Hand mich herbeiwinkte. Es war die Hand des Predigers Elias, der sich gerade mit mehreren schwarz gekleideten Gestalten an einem geplatzten Wasserrohr zu schaffen machte.

Eisiges Schweigen herrschte, als ich mit meinen beiden Überseekoffern den Stall betrat. Nach einer Weile taute Elias ein wenig auf. »Aus Deitschland kummst?« fragte er, »jo, hot dich dr Katholr denn herfohrn geloßt?« Ich erklärte, daß die Kirche heute nicht mehr so stark ist wie zu Jakob Hutters Zeiten.

»Und wer hot dir des Deitsch glernt?« Daß Deutsch, »unsre hailige Sproch«, auch in Deutschland gesprochen wurde, konnten die Männer im Kuhstall kaum fassen. Sprache und Glauben sind für die Hutterer eng miteinander verbunden und unterscheiden sie gleichermaßen von ihrer Umwelt. Im Gottesdienst wird in einem altertümlichen Hochdeutsch gepredigt. Die Umgangssprache ist eine Mischung aus verschiedenen süddeutschen und österreichischen Mundarten, vermengt mit Lehnwörtern der alten und neuen Gastländer. »Gasa«, sagen die Hutterer auf gut Rumänisch für Kartoffelsuppe. »Kukurutz« ist Türkisch und bedeutet Mais. Die russischen Wörter »Tschaikele«, »Tschainikel« und »Tschabadan« meinen Möwe, Teekanne und Reisekoffer. Am meisten wurden in den letzten hundert Jahren natürlich englische Wörter eingehuttert. Muß die Kolonie viele Dollar für einen neuen Mähdrescher bezahlen, dann »schpentet die Gmah viel Toler«. Benimmt sich Andreas, Pauls Jüngster, nicht so wie er soll, schimpft der Vater »Ändi, behäf di.« Plagen einen Hutterer viele Sorgen, so hat er »plenti trubbel«.

Dank meiner guten Deutschkenntnisse also akzeptieren mich Prediger Elias und die anderen Männer dann doch am Ende einer langen Inquisition im Kuhstall. »Wos is dei Glaubn? Sind dei Eltern gsund? Host daham a Tifi? Bis gtauft? Host noch Gschwistrich? Rauchst Tobak? Wost bam Militär? Bist mim Luftschief kumme?« Die Befragung dauerte Stunden, ehe ich bei Gottes Auserwählten ein Gastquartier im »Buchbindeheisl« neben Papierpressen und Leimtöpfen beziehen durfte. Damit ich nicht zum schlechten Vorbild für die noch ungetauften Jugendlichen würde, kam noch am Abend der 34jährige Schäfer Georg, einer der fünf Brüder des Predigers, um mir die Haare zu scheren. Auch die Frauen kamen, über ein Dutzend auf einen Schlag, aus Neugierde (»Host scho a Görlfränd?«), aber auch um maßzunehmen für meine handgeschneiderte huttrische Garderobe.

Drei Tage drauf stand ein Hutterer vor mir im Spiegel, ein Auserwählter vom Scheitel bis zur Sohle. Aber bis ich mich ganz in diese Rolle hineinfand, vergingen Monate. Das Gefühl, von der Außenwelt völlig abgeschnitten zu sein, die stundenlangen Gottesdienste Tag für Tag, Schnee schaufeln und Schweine füttern bei 30 Grad Minus, das Herunterschlingen des Essens, daran konnte ich mich nur schwer gewöhnen.

Beim Schafescheren an einem der ersten warmen Frühlingstage aber macht mir mein Hutterer-Dasein zum erstenmal richtig Spaß. Morgens gegen halb sieben treffen sich alle Männer und Frauen nach dem üblichen Blitzfrühstück im Schafstall. 300 Tiere, die wolligen Leiber dicht aneinandergepreßt, stehen in ängstlicher Erwartung. Weinsedel Johannes, der Arbeitsorganisator, verteilt die elektrischen Schermesser an die jungen »Mannsleit«. Die stellen sich in einer Reihe unter das grelle Neonlicht, jeder greift sich ein Tier aus dem dampfenden Wollhaufen, klemmt es zwischen die Beine, und schon schnippelt die »Klippr« durchs zottige Fell.

Sobald ein Schaf kahl ist, sammelt eines der Mädchen die Wolle, schon fast ein irischer Pullover, vom Boden auf. Andere Frauen binden die fettigen Zotteln mit Hanfstricken zu kürbisgroßen Knäueln zusammen. Rachel, Pauls 16jährige älteste Tochter, wirft die Ballen in einen riesigen Sack, der in einem hohen Holzgerüst hängt. Dort oben steh ich nun, fange, was mir die hübsche Rachel zuschmeißt, und trete die Wolle fest, damit auch gut anderthalb Zentner in einen Sack hineingehen.

Den ganzen Tag scheren, bündeln und treten wir, daß uns der »Schwitz« nur so herunterrinnt. Zwischendurch aber kommt der alte Hauswirt Elias, in beiden Händen zwei Gallonen »Blemelwan«, selbstgemachten Wein aus Löwenzahnblüten. Er ist der einzige in der Kolonie mit einem Schlüssel zum Weinkeller, schon dadurch gleich nach dem Prediger der wichtigste Mann auf dem Hof. Zum Blümchenwein gibt es »Käspei«, sündhaft süßen Käsekuchen mit Vanilleeis. Wir setzen uns zum »Lunschen« auf meine schon vollgetretenen Säcke, Männer hier, Frauen dort. Alle machen wir vergnügte Gesichter. Draußen scheint die warme Frühlingssonne auf die noch schneeverpackten Rocky Mountains. Der Wein schmeckt »heelisch guet«. Wie könnte es Menschen besser gehen?

Gegen Abend, nur noch wenige Schafe warten auf ihre Schur, geschieht dann noch etwas ganz Harmloses, was ich trotzdem nie vergessen werde: Rachel, die Schöne, mit dem weichgeschwungenen Mund, schaut mich plötzlich an, blickt mir lächelnd in die Augen, man stelle sich das vor! Ein, zwei Sekunden blickt sie und lächelt, zu lange fast für eine Heilige. Von diesem Rachel-Blick lebe ich nun hier in Waterton; er läßt mich glücklich sein in meinen Träumen.

Bei den Hutterern fehlt mir oft nur ganz wenig zur Seligkeit, meistens viel weniger als zu Hause in meiner Welt, wo man alles zu haben und alles zu dürfen glaubt und wo man am Ende oft ganz arm bleibt. Trotz allem, was die Hutterer sich wie Steine auf ihren Lebensweg werfen, damit er auch ein Leidensweg bleibt, trotz ihrer biblisch verankerten Ängste vor Schuld und Sünde, sind sie sicher glücklicher mit sich und ihren Nächsten als die Menschen draußen.

Mehr noch als »Blemelwan« und »Käspei« macht die gemeinsame Arbeit jung und alt hier froh. »Mir schoffen nit fir'n Toler, mir schoffen fir unse Gmah«, sagt mir der breitschultrige Prediger Elias. Er sorgt sich nicht allein um die geistliche Wohlfahrt der Gemeinde, er mästet auch 300 Gänse, ist Klempner, Spezialist für Stahlbetonarbeiten, kann Starkstromleitungen reparieren, kocht Seife, bindet Besen, und beim großen Schweineschlachten, zweimal im Jahr, steht Elias in der Räucherkammer. »Mir Huttrischen kenn olles«, sagt er trocken. In der Tat beherrscht jedes Gemeindemitglied rund zehn Berufe perfekt.

Irgendwo in der Kolonie hat auch jeder eine Verantwortung für alle zu tragen. Paul zum Beispiel leitet die deutsche Schule, zieht in jedem Jahr 1500 Enten groß (unser Sonntagsessen) und versorgt mit Hilfe der Frauen und Kinder im Sommer den Garten. Aber zugleich ist er Handlanger, wenn in der Schmiede viel zu tun ist, hilft seinem Bruder im Hühnerstall, mauert, zimmert und betoniert.

Soviel Fingerfertigkeit färbt ab. Nach sechswöchiger Lehre mache ich mein erstes Paar Schnürschuh in Kindergröße. Ich lerne mit der Zeit den richtigen Griff beim Ferkelkastrieren. Ich weiß jetzt sogar, wie man Seife, die »Saften«, kocht: »Nimm 50 Pfund Schmolz, 12 Pfund Woschlaugn, 7 Emele Regenwosr, zwa Stund kuchs und gib a bissela Solz.« Nach diesem alten Rezept aus dem Kochbuch von Katharinas verstorbener Großmutter wird noch heute eine Seife gebraut, die dunkle Kleidung nicht ausbleicht und das Grundwasser kaum belastet.

Im allgemeinen aber läßt der Umweltschutz die Brüder ziemlich gleichgültig. Die Erde ist eh ein Jammertal, das bald »verbrennen wird mit allen Werken, die darauf sind« (2. Petrus 3,10). Entsprechend hemmungslos werden in Waterton Kunstdünger und Pestizide auf die Felder versprüht, genau so wie es die kanadischen Nachbarn auch tun. Und wie die sonst so verachtete Welt nutzen auch die Hutterer den technischen Fortschritt. Die Frauen bedienen in der Tracht des 16. Jahrhunderts modernste Melkanlagen. Die teuersten Mähdrescher, 200 000 Dollar das Stück, stehen neben der vorsintflutlichen Besenbinderei. Hutter-Land: das technisierte Mittelalter.

Die vielen »Toler« für die teure Technik müssen jedoch in der Welt draußen verdient werden. Wie eng der Wirtschaftskontakt mit den »Englischn« schon geworden ist, kann man jeden Donnerstag im Präriestädtchen Lethbridge sehen, knapp 100 Kilometer von Waterton entfernt.

Beim Verkauf der Schafswolle darf ich zum ersten Male seit fast drei

Monaten mit »ins Stadl«. Meine prallgetretenen Säcke liegen hinten im Lastwagen, dem »Track«. Vorn sitzen der Säckelmann Elias, Schäfer Georg und ich wie schwarze Drillinge. Georg steuert, Elias blättert in Rechnungen. Wir fahren über den fast verkehrsfreien »Heiwe Feif« hinab in die Ebene. Die Sonne hat sich fast überall durch die Winterdekke gefressen. Schwarzbraun dehnt sich nun das schwere feuchtglänzende Ackerland über die weite Prärie, von schnurgeraden Straßen zu einem unendlichen Schachbrett gerastert. Hutterer brauchen diese leere Welt als Sicherheitsabstand zwischen sich und den andern, zwischen der göttlichen Gemeinde und dem lasterhaften Lethbridge, »wo Sind nimmer Sind und Schond nimmer Schond ist.«

Als ich vor einem Vierteljahr aus Deutschland hier eingetroffen war, da kam mir Lethbridge vor wie eine typische Westernstadt, verpennt und profillos. Heute, drei Monate danach, scheint mir hier der Teufel los zu sein. Die Hektik der Menschen, der Lärm der Straße, die schreienden Plakate, der staubige Gestank! Erst jetzt wird mir bewußt, wo ich überhaupt bin: in Babylon, in Amerika.

In einem finsteren Fabrikhof packen wir unsere Wollsäcke auf eine Waage. 4100 Pfund addiert ein Mann in rotkarierten Hosen. Er verschwindet mit Elias und Georg im grauen Gebäude. Ich passe auf den »Track« auf. Nach einer halben Stunde kommen meine beiden Brüder zurück, mit leichter Fahne und einem Scheck über 2200 Dollar. Gutgelaunt zieht Elias seinen schweinsledernen Geldbeutel aus dem Janker. Georg und ich bekommen je einen »Toler«.

»Dos is dei Zehrung, dos du nit verhungerst«, sagt der Silberbart mit Gönnermiene. Wer die Geborgenheit der mütterlichen Gemeinde verläßt, muß sich nicht nur bei jedem einzelnen der fünf Gerichtsbrüder abmelden; er hat auch Anspruch auf eine Art Überbrückungsgeld: einen Dollar als Zehrung, das einzige Bargeld im Besitz eines Hutterers. Die »Mannsleit« fahren im Durchschnitt zweimal im Monat, meist aus geschäftlichen Gründen, in die Stadt, die »Weibr« nur etwa alle zwei Monate, wenn sie zum Arzt müssen.

Wie wir kommen alle Hutterer fast ausschließlich am Donnerstag, an »Pfingstig«, nach Lethbridge, um Eier, Schweine, Getreide und im Sommer auch frisches Gemüse an die Großmärkte zu verkaufen. »Thursday is Hutterite-Day«, sagen die Einheimischen. Sie ärgern sich, daß am Hutterer-Tag speziell Gynäkologen, Augenärzte und Dentisten oft völlig ausgebucht sind. Schwarz vor Hutterern sind auch die Straßen um den kleinen Stadtpark, den Treffpunkt der »Gemeinschafter«. An jeder Ecke stehen die »Stadlgängr« aus den fünf Dutzend Kolonien rund um Lethbridge, stecken ihre Bärte zusammen und betuscheln die letzten Neuigkeiten. Auch die Frauen haben sich viel zu erzählen; aber sie treffen sich in den Lastwagen und Kleinbussen. Auf die »Gassen« trauen sie sich nur, um sich von der Zehrung schnell was Süßes zu kaufen oder um einen neugierig-verstörten Blick in die überladenen Regale der Supermärkte zu werfen.

Besonders die jungen Hutterer geraten angesichts der gleißenden Konsumwelt in arge Bedrängnis. Wie ich höre, machen sie auch gelegentlich die Finger lang. Es kommt sogar vor, daß Jugendliche den Stadtbesuch dazu nutzen, um einfach abzuhauen. Sie machen dann schnelles Geld als Cowboys auf einer Ranch oder bei der Ölsuche hoch oben im Norden. Zwischen ein- und zweitausend Dollar können sie verdienen – astronomische Summen für jemanden, der früher zwei Dollar Zehrung pro Monat bekam. Doch fast alle Wegläufer kehren irgendwann in die Gemeinden zurück. Egal wie viele Sünden sie draußen begangen haben – wer beichtet und büßt, dem wird vergeben.

Der 30jährige Johannes Hofer aus der Kily-Kolonie in der Nachbarprovinz Saskatchewan war ganze 15 Jahre in der Welt. Er hat von Alaska bis Saudi-Arabien nach Öl gebohrt und ist jedes Jahr zum Oktoberfest nach München gejettet. »Ich bin gonz ibrm Meer gwe, bin gongen bis ans Ende dr Welt, und's konnt nit schlecht gnug kumme«, sagt der athletisch gebaute Mann. Er mußte dafür vier Wochen lang jeden Sonntag den zweistündigen Gottesdienst »abknien«. Zudem hatte er ein halbes Jahr Stadtverbot. Heute ist er der Schweine-Boß und zufriedener denn je. Er bekennt: »Ich hob glaubt, des Huttrische vergißt sich mit dr Zat, finfzehna Johr hob ich probiert mei Gwissn stilln, mit Schnops und mit dr Weibr. Obr wos drin is in dir, dos kriegst nit außer. Ein Huttrischer ghert in die Gmah, woanderscht fressen ihn die Welf.«

Der extreme Fall des Johannes Hofer ist für den Lehrer Paul wichtiger Unterrichtsstoff. An ihm zeigt er seinen Schülern, daß »Welf und Schof net zammkern«. Zwar hat sich in der Gemeinde Waterton noch kein Schaf von der heiligen Herde getrennt; aber in einer Nachbarkolonie blieben vor zwei Jahren an einem Donnerstag gleich drei Brüder in der Stadt. Bis heute sind sie verschwunden. Dies wäre nach Pauls Meinung nicht geschehen, wenn die Erziehung völlig in huttrischer Hand läge. Doch nach kanadischem Gesetz unterliegen die Hutterer der allgemeinen Schulpflicht. So gibt es nicht nur die »Klana Schul« für die Drei- bis Sechsjährigen, die »Schulela« der Schulanfänger, die »Sonntagschul« für uns Ungetaufte und die »Deitscha Schul«, in die alle Sechs- bis Fünfzehnjährigen gehen, es gibt auch die »Englischa Schul«, geleitet von der staatlich geprüften Terry Evans, einer kleinen, freundlichen Endzwanzigerin. In den Augen Pauls ist sie »a Wulf in Schofkleidr«, der ihn morgens um halb neun am Katheder ablöst. Nach einer Stunde mit viel Beten, Singen und Sütterlin greift Paul immer genau dann zum Hut, wenn Frau Evans ihren zerbeulten Kombi vor der Schule parkt.

Sobald die Tür hinter Paul zufällt, kommt Leben in die Schule. Die Kinder schieben mit viel Getöse ihre Schulbänke durch das Klassenzimmer und setzen sich nach Altersgruppen geordnet statt nach dem Geschlecht. Die Lehrerin rollt eine Landkarte an der Tafel auf, »our good old world«. Auch hängen plötzlich bunte Bilder der verschiedenen kanadischen Provinzen an den Wänden, obwohl die Bibel sagt: »Ihr sollt euch keinen Götzen machen noch Bild« (3. Moses 26,1). Eigentlich sind Bilder in Waterton auch ein striktes Tabu. Man nimmt hier das Gebot so ernst, daß selbst auf reguläre Führerscheine verzichtet wird, um sich nicht fotografieren lassen zu müssen. Fürs Autofahren haben die Hutterer eine provisorische Fahrlizenz, die jedes Vierteljahr verlängert werden muß. Bei Verwandtenbesuchen in den Vereinigten Staaten bekommt der Zöllner statt regulärer Pässe nur den Geburtsschein vorgelegt. Meinem Freund, dem Fotografen Timm Rautert, der mich zweimal in Waterton besuchte, erlaubten die Brüder erst nach langen Beratungen im »Stiebl« nur unter dem Vorbehalt »Bildl obzunehme«, daß keine Motive gestellt, also nichts eitel »geposd« werde. »Es is nur recht, wenn die Leit in Deitschland sehn, wie mir a rechts christlichs Lebn fiehrn«, meint Paul.

In der Schule aber bleibt es nicht bei äußerlichen Veränderungen wie der gemischten Sitzordnung oder den Bildern an der Wand. Alles ist einfach anders, seit die »Teacherin« hier das Sagen hat. Da stammt der Mensch plötzlich vom Affen ab und nicht mehr von Adam und Eva, wie Paul und die Bibel es lehren. Die Sonne dreht sich auch nicht mehr um die Erde, obwohl Salomon, der Sohn Davids, ausdrücklich verkündigte: »Die Sonne geht auf und geht unter und läuft an ihren Orten, daß sie wieder daselbst aufgehe« (Prediger 1,5).

Die Kinder hören alles mit Staunen: so ganz ernst aber können sie die junge Frau in ihren engen Jeans und der knallbunten Bluse nicht nehmen. Sie kann ja noch nicht mal »rechtes Deitsch«. Außerdem raucht sie in der Pause, sie geht auch mal am Wochenende zum Tanzen ins »Schenkhaus«, sie läuft leidenschaftlich gern Ski in den Rockies und spielt »buhlige Liedl« auf der Mundharmonika – alles Dinge, die ihren Schülern ewige Verdammnis bringen würden.

Die Lehrerin glaubt denn auch selber, daß sie hier im Grunde gar nicht hingehört. »Wenn ich hier meinen Lehrplan erfülle«, sagt sie, »und diese Kinder zur Kritik erziehe, zu neugierigen offenen Menschen, dann stürze ich sie zwangsläufig in große Konflikte mit ihrer Umwelt.« Kritik, Neugierde und Offenheit passen nicht in die Enge der Brudergemeinden, wo nur Platz ist für Gottes-Gehorsam und fromme Bescheidenheit. Die Neugierde hat schon Eva dazu verführt, vom Baum der Erkenntnis zu naschen, und als die Juden die Gesetze des Herrn mißachteten, ließ er Feuer am Himmel regnen. Daraus haben die Hutterer gelernt. Galten sie im 16. Jahrhundert noch als Revolutionäre, als sie, erstmalig in Europa, die Schulpflicht für Jungen und Mädchen einführten, so begnügen sie sich heute mit den letzten einklassigen Klitschen Kanadas. Wer die achte Klasse hinter sich hat, muß von der Schulbank und bekommt von der Brudergemeinschaft eine Arbeit auf dem Hof zugewiesen. Alte Vorurteile gegenüber einer weiterführenden Ausbildung sieht Lehrer Paul durch mein Beispiel voll bestätigt: »No, Miechel, du wost neinzehner Johr in dr Schul. Nu waßt olles, konnst obr nix.«

Mit den Jahreszeiten nimmt mein Können jedoch stetig zu. Im Winter habe ich beim Schuhenähen gelernt, meine Hände zu gebrauchen. Im Frühjahr war Schweinefüttern und -kastrieren, Seifekochen und Strikken meine »Orbet«. Nun ist es endlich Sommer. Und ich stehe jeden trockenen Tag auf der Heumiete und staple die gepreßten Ballen zu haushohen Türmen, die Futterreserve für den langen kanadischen Winter.

Je nützlicher ich der Waterton-Kolonie bin, desto mehr betrachten mich die Hutterer als einen der Ihren. Sie staunen mich nicht mehr wie entgeistert an, wenn sie mich sehen; sie rufen: »Miechel, kumm her und helf.« Zu helfen gibt es immer etwas. Aber ich muß nicht nur zehn, zwölf Stunden schuften, ich bekomme auch meinen Teil dafür. Wie jedem Erwachsenen über 15 Jahre zapft mir Elias an jedem Monatsersten im Weinkeller unter der Küche mit geröteter Nase eine Viertelgallone seiner süßen Hausmarke aus bauchigen Fässern in meinen handgelöteten Henkelmann. Beim jährlichen Stoffteilen bezieht Pauls Katharina, inzwischen meine Pflegemutter, die auch meine Kleidung wäscht, für mich genausoviel Textil wie für ihren Mann, nämlich »4 yard Hosenzeig, 4 yard Jankerzeig, 3 yard Jankereinfutter, 32 Zoll Leiblzeig, 5 yard Hemder, 5 yard Schwitzgfat«. In der »Ordnung vom Teiln« ist seit den Tagen Jakob Hutters exakt festgelegt, was ein Gemeinschafter »zur zeitlichen Notdurft« an persönlichen Dingen braucht, weil brüderliche Liebe nach Meinung der Hutterer nur bei absoluter Gleichheit und Gerechtigkeit möglich ist, »sunst kummt dr Naid«.

Bekommt eine Frau ein Kind, so stehen ihr zehn Pfund Entenfedern für »Pulschtr und Decken« zu. Der Tischler Georg macht ihr eine Wiege, von der Köchin Katharina Wurz gibt es 165 Eier, 12 Pfund Zucker und 4 Pfund getrocknete Pflaumen extra. Der Mann stärkt sich mit einer Sonderration »Blemlwan«. Wenn ein Knabe mit 15 Jahren aus der Schule entlassen wird und zu »den Leit« kommt, so erhält auch er sein »Packl«: »Messr, Gobl, Lefel, Schlisselkostn (mit Werkzeug), Schmiergumpen, Schlochtmesser, Handschiech, Orbatzstiefl, olla dra Johr a Huet«. Die Mädchen bekommen statt Schlüsselkasten, Schmierpumpe und Hut »Schare« (Schere) »Triebl« (Nudelrolle) und 32 Zoll »Tiechlzeich«.

Auch beim Hochzeiten ist die Mitgift immer die gleiche. Von der Gemeinde der Braut kommen die lutherische Bibel, das Gesangbuch, eine Nähmaschine und ein großes Bett, während die Kolonie des Bräutigams Wanduhr, Kommode, Tisch und zwei Stühle stellt. Hutterer heiraten in den Wochen, wenn das Heu gemacht ist, aber die Weizenfelder noch nicht schnittreif sind, wenn die Sonnenblumen und der Mais im Garten schießen, aber außer Unkrauthacken nicht viel zu tun ist. Die Frauen von Waterton tuschelten sich schon seit dem Frühling das Gerücht zu, Pauls Nichte Sarah, die Tochter seines ältesten Bruders Johannes aus der Wilson-Kolonie, habe einen »Boifränd«. Der junge Mann, Joseph Gross soll er heißen, war im letzten Sommer in die Wilson-Bruderschaft gekommen, um seine Tante zu besuchen. Aber das war nur der übliche Vorwand, unter dem alle heiratswilligen Hutterer auf Brautsuche gehen.

Immer wenn so ein Freier in einer Gemeinde aufkreuzt, dann treffen sich alle älteren Jugendlichen nach dem Abendbrot in einer hinteren Stube – die seltene Gelegenheit, zwei Stunden mal ganz unter sich zu sein. Wie die Alten sitzen sie »in der Rund« und spielen mit naiver Hingabe »Ich siech, was du nit siehkst«. Dabei hat sich Joseph wohl in die schlanke schwarzhaarige Sarah verguckt, und sie sich in ihn. Er hat sie vor seiner Heimreise ins ferne Saskatchewan wohl auch einmal in den Arm genommen, vielleicht gab's »a Bußel«, aber mehr gab es sicher nicht. Über ein Jahr hinweg haben sich beide artig Liebesbriefe geschrieben, auf englisch, weil sich »sweatheart« und »darling« auf Sütterlin nun mal schlecht machen.

Joseph war gut beraten, als er Sarah zu ihrer Taufe letztes Ostern, ohne die sie ja nicht heiraten kann, eine schön bunte Bonbonniere in Form eines roten Riesenherzens von seiner zusammengesparten Zehrung gekauft hat. Die liegt nun in Sarahs Kiste, der einzigen Privatsphäre eines Hutterers. Im abschließbaren »Kaschten« darf alles sein, was sonst verboten ist. Farbige Fotos, ein Fläschchen Parfüm der Marke »Evening in Paris«, sogar Lippenstift und Nagellack, die nie benutzt werden, liegen zwischen ihren Kleidern.

Seit Sarah Josephs Herz in ihre Kiste verschlossen hat, ist die Sache ernst, und da auch das Heu nun in Wilson unter Dach und Fach ist, kann die Hochzeit steigen. Um bei dem großen Ereignis dabeizusein, fahre ich am Donnerstag mit dem Leiterwagen nach Lethbridge, steige dort um in den Schweinetransporter der Wilson-Kolonie, der mich mitnimmt in die Gemeinde der Braut; als Hutterer kann ich auf öffentliche Verkehrsmittel verzichten.

Joseph, der Bräutigam, ist schon einen Tag vorher mit seinem Vater Johannes aus der 600 Meilen fernen Kotknife-Kolonie mit dem Lastwagen aus Saskatchewan angereist. Er ist ein kleiner, etwas untersetzter junger Mann, dessen Geheimratsecken im blonden Haar auf das reife Alter von 28 Jahren hinweisen. Hutterer heiraten gewöhnlich zwischen 20 und 25 Jahren; aber Joseph hat sich ein bißchen Zeit gelassen.

Vielleicht hatte er auch ein wenig Angst vor der Hochzeitsprozedur; denn Hutterer-Hochzeiten sind kein Vergnügen. Der Wunsch der Partner, eine Ehe einzugehen, ist dabei gar nicht so wichtig. Ob geheiratet wird oder nicht, entscheiden, noch bevor die Eltern gefragt werden, die Gemeinden der Brautleute.

Jeder Hutterer wird durch die Taufe ein »Glied dr gettlichen Gmah«, ist durch diese Mitgliedschaft selber ein Stück Heiligtum, hat aber kein Verfügungsrecht mehr über sich selbst. »Wes sich Gott und seiner Gemein im Tauf schenken will, mit Leib und Seel und Geist«, heißt es in der Taufpredigt, der »Einverleimung«, »so soll er sich untergeben als einer, der nicht mehr sein selbst ist, nicht mehr nach seinem Willen tun und handeln kann.«

Joseph muß also zunächst zum Prediger der Wilson-Kolonie, dem würdigen weißbärtigen Johannes Werz, der so viele Enkel hat wie sein Leben Jahre zählt, nämlich 78. In neuer Sonntagstracht tritt Jakob mit seinem Vater vor den Gemeindevorsteher und stammelt im besten Hutterer-Hochdeutsch sein »Huchzatssprichl«: »Mei liaba Bruder. I hab ei herzliches Verlangen, in christlichen Ehestand zu treten, und wollte dich gebet hoben, du wullest mir dobei behilflik sein, mit der Hilf Gottes. Omen.«

Der Prediger hat sich von seiner Holzbank erhoben. Er gibt Vater und Sohn die Hand und antwortet: »Werd's mit den Bridern ibrdenken.« Am nächsten Abend bleiben alle getauften Brüder der Gemeinde nach dem Gebet im Schulhaus sitzen. Der alte Prediger teilt dem Brautpaar nachher das Beratungsergebnis mit: »Mir ham bestimmt, s'guet, ihr kennt Huchzat holten die näxta Wuch.« Vorher aber muß der Bräutigam noch »aufreden«, also bei Sarahs Eltern um die Hand der Tochter bitten, ein abendfüllender Handel mit fast orientalischem Hin und Her.

Zuerst spricht Joseph zu den künftigen Schwiegereltern: »Johannes, Elisabeth – ich begehr die Sarah und will auf sie sorgen wie auf mei rechta Hond.«

Schweigen. Dann der Brautvater: »Joseph, wost da begehrst, ist wos Großes, s'is mei Ältesta.«

Wieder Schweigen. Vom Vater des Bräutigams kommt zögernd die Entgegnung: »Was konnst mochen, wos Gott ongefangn hot, dem solln mir Menschn nit im Weg steh.«

Nach langer Pause sagt Mutter Elisabeth kleinlaut: »Ober es ist so wait, 600 Meil.« Jetzt weiß keiner so recht weiter. Nach huttrischem Brauch muß die Braut dem Mann in seine Kolonie folgen, daran läßt sich nichts ändern.

Dicht gedrängt sitzen wir in der Stube unter der nackten Glühbirne und warten, daß irgend etwas passiert. Das Paar selbst nebeneinander vor Johannes und Elisabeth, wie Angeklagte vor ihren Richtern. Sarah weint. Joseph ist weiß wie Kalk. Endlich fragt Johannes seine Tochter: »Willst den Joseph?«

Hinter einem tränennassen Taschentuch kommt ein kleinlautes, fast schuldbewußtes »Jo«.

Darauf der Vater zum Joseph: »Also, in Gottes Nomen, nehm se.«

Nun bekommt jeder seinen Schnaps von Joseph und Sarah, und alle wünschen wir ein »guts Zusammenhausen«. Da die eigentliche Hochzeit, das »Zusammengeben«, in der Gemeinde des Mannes stattfindet, kann der Prediger der Wilson-Kolonie das Paar nur verloben, auf hutterisch: »zusammenstellen«.

Vor allen Koloniebewohnern wettert er im Schulhaus gegen Augenlust, Fleischeslust und hoffärtiges Leben. Dem Bräutigam schreibt er zur Warnung den 1. Korinther 7,29 ins Stammbuch: »Die da Weiber haben, daß sie seien, als hätten sie keine.« Irgendwie habe ich Weltmensch Mitleid mit den beiden. Dann spendet Prediger Johannes dem Paar seinen Segen, und endlich können wir »Hulba« halten. Der Polterabend aber ist ein Trauerspiel. Stundenlang hocken wir im Speisesaal zusammen und singen schwermütige Lieder. »Wenn du willst etwas lieben / und damit Freude han / so lieb nur Gott den Herrn / den wahren Bräutigam.«

Joseph und Sarah sitzen nebeneinander und halten schwitzig Händchen. In den kurzen Gesangspausen bekommt jeder einen Kaffeebecher voller Erdnüsse, später dann eine Flasche »Lethbridge Pilsner«. Die Kinder trinken Cola. Früher legte der Prediger während der »Hulba« einen Pferdeschädel vor die Brautleute, um ihnen die Vergänglichkeit allen Fleisches vor Augen zu führen; denn »alles Fleisch ist Gras, und alle seine Güte ist wie eine Blume auf dem Felde« (Jesaja 40,6). Heutzutage bleibt den Hochzeitern diese Zeremonie erspart.

In aller Frühe fahren die Frischverlobten mit Bibel, ›Singbichl‹, Nähmaschine und Doppelbett Richtung Saskatchewan zu Josephs Gemeinde, wo das Leben genauso abläuft wie in Wilson oder Waterton, wo um sieben hastig gefrühstückt und abends um neun schlafen gegangen wird, wo Sarah im Laufe der Jahre ein Dutzend Kinder bekommen wird, wie ihre Mutter, getreu dem biblischen Auftrag. Die Hutterer vermehren sich heute schneller als selbst Inder oder Brasilianer. Entsprechend besorgt sieht die kanadische Bevölkerung in die Zukunft. Im 22. Jahrhundert, so rechnen einige, werde es fast so viele Hutterer im drittgrößten Land der Erde geben wie Kanadier – mehr als 20 Millionen.

Trotz ihres frommen Babybooms bleiben die Kolonien aber klein. Wenn eine Gemeinde über 125 Köpfe hinauswächst, muß Land gekauft und ein neuer Hof gebaut werden. In Waterton war es vor vier Jahren so weit. Es gab für den einzelnen immer weniger zu tun, im Speisesaal wurde es eng, einer wußte nicht mehr so genau, was der andere eigentlich tat, die gegenseitige Fürsorge und Kontrolle ließ nach – Zeit zum »Voneinandergehen«.

Für eine Million Dollar kaufte die Kolonie neues Land im Nordosten, 70 Meilen vom Hof. Zwei harte Sommer lang arbeitete jeder Gemeinschaftler in Schichten an der neuen »Hütte Gottes«. Dann war die Carmengey-Kolonie – genannt nach dem benachbarten Ort – schlüsselfertig. Alles war so wie zu Hause, die sechs Wohnhäuser, eine Reihe im Norden, eine im Süden, die Küche im Osten, die Schule im Westen.

Also teilten die Brüder ihren Besitz, das Vieh, die sechs Traktoren, die Wolle, auch die Würste und frischgeschlachteten Enten im Kühlhaus. Nachdem alles fixiert war, in Pauls akkurater Sütterlinschrift, da teilte sich auch das Volk, jede Gruppe vier Familien stark, die eine zählte 60, die andere 65 Seelen. Paul schrieb auf einen Zettel »Neuer Hof« und auf einen andern »Alter Hof« und faltete sie zusammen. Der Älteste jeder Gruppe griff mit geschlossenen Augen das Los aus einem Hut. Die Entscheidung war gefallen. Der Säckelmann Elias hatte den alten Hof gezogen, er durfte mit den Seinen bleiben. Die anderen luden die schon gepackten Sachen auf die Lastwagen. Unter Tränen ging es voneinander.

Nur gelegentlich sieht man sich wieder. Wenn in Carmengey der Mais vertrocknet ist oder in Waterton die Hafërernte ins Wasser fällt, dann hilft man sich brüderlich, bringt »Hobr« und bekommt dafür »Kukurutz«. Während der 20tägigen Erntearbeit im Oktober fallen plötzlich zwei Männer der Nachtschicht mit 40 Grad Fieber ins Bett. Ein Telefongespräch genügt – in jeder Kolonie steht beim Hauswirt ein Telefon –, und schon kommt Ersatz aus der Tochtergemeinde. Die Ernte geht fast rund um die Uhr, von morgens gegen acht, sobald die Sonne das nachtfeuchte Getreide getrocknet hat, bis nachts zwischen ein und drei Uhr, wenn der Tau sich wieder auf die Ähren legt. Ich fahre einen der vier mächtigen Drescher im Tageseinsatz, drei Wochen lang, Spur neben Spur mit den anderen drei roten Monstern, über leicht wellige Felder, strohgelbe Wüsten aus Hafer, Gerste, Raps und Winterweizen. Schaue ich in den Rückspiegel, dann muß ich an Bilder von Ernteschlachten in kommunistischen Ländern denken. Ein Vergleich, den die konservativen Hutterer nicht mögen, weil in der Öffentlichkeit draußen noch immer vereinzelt böse Gerüchte über die »Bolshevist Black-Birds« im Umlauf sind.

Solches Gerede ist so haltlos wie der Verdacht, Hutterer würden jungen Kanadiern bis zu 100 Dollar zahlen, wenn sie neues Blut in die Gemeinde brächten. Mein absolut enthaltsames Jahr bei den Hutterern beweist das Gegenteil, obwohl gerade in Waterton die Zeichen der Inzucht sichtbar sind. Von den sechs Kindern des Predigers Elias sind drei stark behindert, »orma Kindr«. Peter, 19, Anna, 17, und Jakob, 15, sind so zurückgeblieben, daß sie in unserer Gesellschaft sicher in geschlossenen Anstalten dahinsiechen müßten. Hier aber sind sie auf ihre Weise zufriedene Menschen, sie leben ihr Leben, ohne daß jemand Anstoß daran nimmt. Sie werden gefüttert, gewaschen, gekleidet, und wenn der Hauswirt den Blümchenwein teilt, dann bekommen auch sie ihre Viertelgallone. »Was ihr getan habt einem unter diesen meinen geringsten Brüdern, das habt ihr mir getan«, spricht Jesus (Matthäus 25,40).

»Gering« war sicher auch der geistig behinderte Johannes Wurz, bevor er im Alter von 43 Jahren in der New-Dale-Kolonie südlich von Calgary an Magenkrebs starb. Nun liegt der Tote in seinem kahlen Zimmer aufgebahrt, im weißen Hemd und schwarzer Hose, von den Angehörigen beweint, aber auch beneidet. »Wern mir doch scho duet, wo dr Johannes ist«, klagt eine alte Frau, und die Menschen im Raum stimmen zu: »Jo, wärn mir doch scho duet.«

»Christus ist mein Leben / Sterben ist mein Gewinn / dem tu ich mich ergeben / mit Frud fahr ich dahin.«

Zwei Tage und Nächte singen wir uns am Totenbett die Seele aus dem Leib. Auch im Tod bleibt ein Hutterer nicht allein. Die Lieder kenne ich noch von der Hochzeit. Leben und Tod, Verdammnis und Erlösung ist zu jeder Gelegenheit das passende Thema. Wie beim Polterabend gibt es in den Gesangspausen Erdnüsse, auch mal einen Schluck Wein. Nachts bringen die Frauen »Leichenzwibock« und Kaffee. Die Emaille-Kanne steht dicht neben dem Kopf des Toten. Immer wieder wird sein Haar nachgekämmt, tupfen die Frauen den Talg von seiner Stirn, zupfen am weißen Leichengewand. Der Tod ist ein Freund dieser Leidenspilger. Jeder ältere Hutterer hat sein Sterbehemd vorsorglich in seiner Kiste. »Wann mir sähen, a Mensch sterbt, dim mir's zuschneidn, ibroll a Insch mehr, domit's sichr poßt«, sagt mir bei Kaffee und Zwieback Susanna, eine Schwester des Verstorbenen.

Am dritten Tag um ein Uhr mittags ist »Leichenlehr« im Speisesaal. 300 Hutterer sitzen in langen Reihen, die Weiber links, die Männer rechts. Von vielen Gemeinden ist die große Verwandtschaft angereist. Weil fast jeder mit jedem verwandt ist, kommt es bei solchen Familientreffen immer zum Volksauflauf. Aus schon heiseren Kehlen singen wir nach, was der Prediger vorn am offenen »Totentrog« ansagt:

»Alle Menschen müssen sterben / alles Fleisch vergeht wie Heu / was da lebt / das muß verderben / soll es anders werden neu / dieser Leib er muß verwesen / wenn er ewig soll genesen / zu der großen Herrlichkeit / die den Frommen ist bereit.«

Am Ende von 35 Strophen wird der Sarg zugemacht. Die Männer tragen ihn hinaus auf den »Totengorten« am Rande der Kolonie, auf eine grüne Wiese mit rechteckigem Loch am Rand. Keine Kreuze, keine Gedenksteine. Spurlos verschwinden die Hutterer aus ihrem Jammertal, Erde zu Erde, Asche zu Asche. Acht Männer senken den Sarg an zwei Tauen in das Grab, und im Nu ist das Loch wieder zugeschaufelt. Wir ziehen unsre Hüte.

Als wir ein paar Sekunden lang schweigend um den Erdhaufen stehen, fällt ganz leicht der erste Schnee. Ich denke an das Schneetreiben bei meiner Ankunft in der Waterton-Kolonie vor einem Jahr, an die Befragung im Kuhstall und an mein »Buchbindeheisl«, ans Schafescheren und an Rachels unvergeßlichen Blick, an die Zeit der Aussaat, des Heumachens und der Ernte, ans Schuhenähen und Ferkelkastrieren, an die langen Liederabende unter der nackten Glühbirne, an die Sonntagsschule mit spuckeverkleisterten Löschpapierkugeln, ich denke an mein hutterisches Jahr, das nun zu Ende geht.

Und ich denke auch an Johannes Hofer, meinen Altersgenossen, der 15 Jahre lang rund um die Erde nach Öl bohrte und doch zurückkam. Schon in der nächsten Woche werde ich in den Augen der Hutterer selbst ein Ausreißer sein. Ich erinnere mich an das Bibelwort von »den reißenden Wölfen ..., die die Seelen umbringen« (Hesekiel 2,27) und bekomme Angst vor meiner Welt. Ich sehe mich im »Luftschief« neben den Menschen mit ihren Aktenköfferchen, ein Passagier wie jeder andere, und entsetzt kommt mir die Frage in den Sinn: Träume ich?

Klosterleben (August 1983)

Klostermauern öffnen sich heute leichter als früher. Wir verbrachten eine Woche bei den Benediktinern von St. Matthias in Trier.

Volltönend verhallt der letzte Vers des Morgenchors im Dämmerlicht der Basilika. Wie versteinert stehen die zwanzig Mönche vor der marmornen Grabfigur des heiligen Matthias. Stille. Ich reibe mir den Schlaf aus den Augen, wechsele zögernd das Standbein und fühle mich nicht wohl: Menschen beim Beten zuzusehen hat etwas Indiskretes. Aber Diskretion ist nicht Sache der Berichterstatter, die nach Trier gekommen sind, um eine Woche mit den Benediktinern der St.-Matthias-Abtei zu leben. Wie mag es heutzutage zugehen hinter mittelalterlichen Klostermauern? Was mögen das für Menschen sein, die sich dort arm, keusch und gehorsam für die »Ewigkeit« rüsten, fragen wir uns.

Da stehen wir nun in Jeans und offenen Hemden, zwischen lauter schwarzen Faltengewändern, in die sich die Mönche verkrochen zu haben scheinen, als scheuten sie die Blicke der Fremden. Die Köpfe unter spitzen Kapuzen, die Hände in weiten Ärmeln, sieht einer aus wie der andere; nur die hagere Gestalt uns gegenüber hebt sich durch ein Holzkreuz auf der Brust hervor: der Abt. Diskret leitet er den Gottesdienst, gibt den Ton beim Chorgesang an, verneigt sich als erster vor dem Altar, segnet zum Abschluß der Matutin alle Anwesenden mit ausgestrecktem Zeige- und Mittelfinger, um schließlich an der Spitze der Brüder aus der Basilika zu schreiten. Im Gänsemarsch ziehen die Mönche durch die Sakristei, den Kreuzgang entlang, verschwinden in der Klausur.

Nun sind wir wieder unter uns und atmen erst einmal gut durch. Vom Turm der Abtei ertönt ein Glockenschlag: 6.30 Uhr, noch drei Viertelstunden bis zum Frühstück. Die Versuchung, in die sicher noch warmen Betten zurückzukriechen, ist groß, doch ein schöner Sonnenaufgang hilft uns, es den Brüdern gleichzutun und den Neigungen des Fleisches zu widerstehen.

Im Klostergarten begrüßen wir den Frühlingsmorgen. Die Wiese unter den alten Bäumen ist weiß von Schneeglöckchen. Turmfalken kurven um das wuchtige Westportal. Himmlischer Frieden, wäre da nicht jenseits der Klostermauer die Bundesstraße 51, auf der sich der morgendliche Berufsverkehr in die Stadt quält. Wer hier monastische Weltabgeschiedenheit genießen will, der muß schon taub sein.

Stumm wird im Kloster St. Matthias gefrühstückt. Unter dem barockverzierten frühgotischen Gewölbe des Refektoriums sitzen vereinzelt an langen Holztischen ein paar Mönche vor karger Kost. Brot, Quark und Marmelade stehen auf dem Buffet neben dem Eingang. Ein

Thermosgefäß hält dünnen Kaffee warm. Der heilige Benedikt hätte seine Freude an diesem Mahl. Im 39. Kapitel der Mönchsregel schrieb der Ordensgründer vor fast 1500 Jahren über das »Maß der Speise«: »Bei einem Mönch kommt es nie zur Übersättigung, denn nichts verträgt sich weniger mit einem Christen als die Unmäßigkeit.« Wir langen kräftig zu, schließlich sind wir schon zwei Stunden auf den Beinen.

Während wir uns die Stullen mit Quark beladen, betritt der Abt den Raum. Er gönnt sich nur einen Becher Kaffee, denn er muß, laut Ordensregel, als »Stellvertreter Christi im Kloster ... eher durch Taten als mit Worten seinen Jüngern zeigen, was gut und heilig ist.« Ihm ist in besonderem Maße aufgetragen, »die Gebote Gottes täglich in die Tat umzusetzen ... jederzeit das eigene Tun zu überwachen ... nicht laut oder schallend zu lachen ... das Fasten zu lieben ... kein Trinker zu sein ... nicht schlafsüchtig ... nicht stolz ... nicht neidisch ... nicht eifersüchtig ... auch nicht träge, dabei der Überheblichkeit zu fliehen und schlechte Gedanken sofort an Christus zu zerschmettern«. Mit meinen Worten: Er muß ein pastoraler Supermann sein, ein Herkules der Frömmigkeit, fast schon ein Engel.

Ora et labora – Bete und arbeite, so lautet seit fast 1500 Jahren die Ordensregel der Benediktiner. Viermal am Tage versammeln sich die Mönche zum Gebet, wie hier zur Sext zur Mittagszeit. Nicht weniger wichtig nehmen die Brüder aber ihre weltlichen Berufe.

Wie aber soll ein Mensch aus Fleisch und Blut solchen Anforderungen gewachsen sein, frage ich Abt Ansgar Schmidt gleich nach dem Frühstück und bekomme ein lautes, schallendes Lachen zur Antwort. »Um Himmels Willen«, ruft er aus, »ich schlafe liebend gern, besonders freitags, da habe ich meinen Ausschlaftag und gehe nicht zur Matutin; ich lache viel, habe meine Probleme mit dem Stolz, dem Neid, der Eifersucht, und trinken tue ich auch ganz gern mal ein Glas Wein, wir leben ja hier direkt an der Mosel.«

Irritiert blicke ich in das verschmitzte Gesicht des Abtes, der, um meinen Vorurteilen vom asketischen Mönchtum einen weiteren Schlag zu versetzen, in seine Soutane greift und eine Packung zollfreier »Benson and Hedges« herausholt: »Zigarette?« Nach einem tiefen Zug wird Abt Ansgar amtlich: »Mönch zu sein ist oft schwer, denn uns hat der himmlische Vater genauso viel zu vergeben wie jedem anderen Christenmenschen. Ohne Gottes Barmherzigkeit ginge auch bei uns im Kloster gar nichts.«

»Gottes Barmherzigkeit«, notiere ich zögernd in meinen Stenoblock, und dabei beschleicht mich das Gefühl, daß ich hier über etwas berichten will, von dem ich eigentlich nicht viel verstehe.

Hilflos halte ich mich denn auch zunächst an ein paar historische Fakten: Das Kloster St. Matthias ist im Bereich eines frühchristlichen Friedhofs entstanden, an den Grabstätten der ersten beiden Bischöfe von Trier, Eucharius und Valerius, aus dem dritten Jahrhundert. Schon zweihundert Jahre später ließen sich hier die ersten Mönche nieder. Seit jener Zeit ist an dieser Stelle auch die Verehrung der Reliquien des heiligen Apostels Matthias bezeugt, die nach der Überlieferung die Kaiserin Helena, Mutter Constantins des Großen, nach Trier bringen ließ. Als benediktinisches Kloster besteht die Abtei seit dem Jahre 978. Der heutige Kirchenbau, eine dreischiffige Pfeilerbasilika, wurde 1127 begonnen auf den Fundamenten der alten, aus dem fünften Jahrhundert stammenden Euchariuskirche.

Im Jahre 1802 wurde das Kloster im Gefolge der Säkularisation aufgelöst, die Abtei wurde zum Bauernhof degradiert, das Refektorium zum Schafstall, der Klostergarten zur Weide. Erst 120 Jahre später kehrten die Benediktiner nach St. Matthias zurück.

Heute leben zwanzig Mönche in der Bruderschaft. Beim »B-Gespräch« im Kapitelsaal, zu dem sie sich jeden zweiten Montagabend treffen, kommen mir vertraute Erinnerungen an meine alte Hamburger Wohngemeinschaft. Das »B« steht für »Beziehung«, und um die Beziehungen der Mönche untereinander geht es in dieser Runde. Da beklagt sich Frater Bernhard, daß sich einige Kollegen liturgische Gewänder aus den Schränken nehmen, ohne den Sakristan vorher gefragt zu haben. Da fühlt sich ein anderer Bruder von seinem Nachbarn durch »Nichtachtung« gestraft. Da fordert Frater Anselm, Vorsänger der Gemeinschaft,

»Ich schlafe liebend gern, ich lache viel, und trinken tue ich auch ganz gern mal ein Glas Wein«. Abt Ansgar Schmidt verblüffte unseren Autor und versetzte seinen Vorurteilen vom asketischen Mönchtum mehr als einen Schlag.

einen Novizen auf, beim Gottesdienst »nicht so unkommunikativ« zu singen, ohne ein Ohr für die anderen zu haben. Da ist zwei Stunden lang die Rede von Gruppendynamik, feedback, Konfliktbewältigung und falschem Rollenempfinden. Der heilige Benedikt, denke ich mir, würde dieser Versammlung selbst mit Dolmetscher nur schwerlich folgen können. Nach seiner Regel gilt der »vollkommene Gehorsam« als eine der höchsten Tugenden des Mönchs, der »auch bei widrigen Aufträgen und selbst bei jedem zugefügten Unrecht zu schweigen hat«. Im Beziehungsgespräch hingegen wird selbst der Abt nicht vor kritischen Fragen verschont. »Früher war so etwas unmöglich, früher war der Abt ein Patriarch, dem sich die Mönche uneingeschränkt zu unterwerfen hatten«, erklärt uns Abt Ansgar den Wandel. »Heute ist an die Stelle seiner Vaterfunktion die Teilnahme eines jeden Bruders an der Verantwortung füreinander getreten. Früher war auch die Benediktsregel uneingeschränktes Gesetz; heute ist sie für uns eine geistige Wurzel, aus der wir die Kraft für unsere Lebensweise empfangen.«

Sichtbarer Ausdruck dieser Lebensweise ist zum Beispiel, daß Frater Bernhard, wie die meisten seiner Brüder, nur noch während der Gebete und der Mahlzeiten die Ordenstracht trägt, sonst »Zivil«, also Hose und Pullover. Der ehemalige Eisenbahner, der in einem Ausbesserungswerk der Bundesbahn arbeitete, ist seit 21 Jahren Elektriker des Klosters. Meine Frage, warum er seinen Kindheitstraum, Lokomotivführer zu werden, zugunsten des Mönchtums aufgegeben hat, läßt der beleibte Benediktiner unbeantwortet: »So was kann man nicht erklären, so was kann man nur erfahren«, sagt er und fragt zurück: »Können Sie mir denn sagen, warum Sie sich für Ihre Frau oder Freundin entschieden haben? Es gibt so viele Möglichkeiten, das Leben zu leben, ich fühle mich zum Mönchsein berufen.«

Mönch, das bedeutet Verzicht auf materiellen Besitz, auf sexuelle Beziehungen, auf Unabhängigkeit, doch dieser Verzicht, so versichert uns Frater Bernhard, »wird aufgewogen durch die Geborgenheit in der Gemeinschaft, in der jeder die Freiheit hat, sich dem anderen zu öffnen, statt ihn zu vereinnahmen, in der sich jeder fallen lassen kann, weil er weiß, daß er in göttliche Gnade fällt«.

Benediktinermönch zu sein, das bedeutet keineswegs, trotz Klostermauern, Weltflucht. »Ora et labora« – Bete und arbeite, lautet die benediktinische Devise; gewiß, viermal kommen die Mönche täglich in der Basilika zusammen, zur Matutin (5.45 Uhr), zur Sext (12.45 Uhr), zur Vesper (18.15 Uhr) und zur Komplet (21 Uhr), aber fast jeder Bruder ist mit gleicher Intensität außerhalb des Klosters mit weltlichen Dingen befaßt. Frater Anselm, ein oxfordstudierter Philosoph, lehrt an der Universität Trier; Frater Valerius, der Schreinermeister, bildet in der klostereigenen Tischlerei Lehrlinge aus; der Historiker Pater Petrus ist als Fachmann für mittelalterliche Kirchengeschichte bei der Max-Planck-Gesellschaft beschäftigt; Pater Hubert hat sich als Vikar der Pfarrgemeinde von St. Matthias für die Novellierung des Paragraphen 1747, der sich mit der Frühadoption von Kindern befaßt, eingesetzt; Abt Ansgar hält Kontakt zu drei Klöstern in Indien, Madagaskar und West-Afrika, die St. Matthias auch finanziell unterstützt; Frater Georg, erst seit zwei Jahren Mönch, betreut als Sozialarbeiter das »Schammatdorf«, eine »Modellsiedlung für kommunikatives Wohnen«, die auf klostereigenem Bauland nahe der Abtei errichtet wurde. Körperbehinderte Menschen leben dort in baulich zusammenhängenden Wohngruppen mit Nichtbehinderten zusammen.

Mönch zu sein, so kann man hin und wieder hören, bedeute auch Verzicht auf Karriere. Die Brüder von St. Matthias werden dem heftig widersprechen. Sie haben ja nicht nur ihre oben erwähnten qualifizierten Berufe, sie haben auch durchaus Karrierechancen innerhalb ihres Ordens. Abt eines Klosters zu sein, bedeutet beispielsweise Karriere. In der Bundesrepublik gibt es immerhin 27 Benediktinerabteien, in der ganzen Welt 429, und nicht wenige Benediktiner sind als Missionsbischöfe in der Dritten Welt tätig.

Die eigentliche Begegnung mit der Welt aber findet im Kloster selbst statt. Über 500 Gäste kommen jährlich zu Besuch und werden gemäß

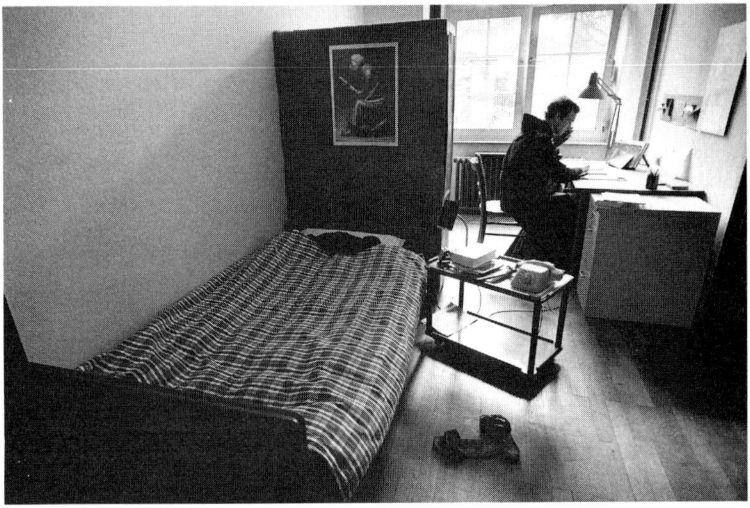

Ein Mönchsleben, das bedeutet Verzicht auf materiellen Besitz, auf sexuelle Beziehungen. Doch dieser Verzicht, so versichern die Brüder, wird aufgewogen durch die Geborgenheit in der Gemeinschaft, in der jeder die Freiheit hat, sich dem anderen zu öffnen, statt ihn zu vereinnahmen.

dem 53. Kapitel der Benediktsregel, »empfangen wie Christus selbst, ... mit einer Höflichkeit, wie sie der Liebe eigen ist, bewirtet man sie sehr freundlich«. Zwar warf sich der Abt bei unserem Empfang nicht mehr, wie es früher üblich war, zur Erde nieder, auch wusch er uns nicht die Füße, um uns dann den Friedenskuß zu geben – diese alten Vorschriften gelten heute nicht mehr.

Doch geblieben ist eine herzliche, einnehmende Gastfreundschaft, die mir meine Berichterstattung freilich nicht gerade erleichtert. Denn wie soll ich etwa diesen Vorgang beschreiben? Eines Abends beteten die Mönche nicht nur für die bedrängten Glaubensbrüder in El Salvador, für die Gefangenen auf den Philippinen und für ein gutes Ende der Genfer Abrüstungsgespräche, sondern auch für meine erkrankte Freundin. Wie soll ich beschreiben, was in diesem Moment in mir vorging? Ich kann es nicht. Dieses Gebet aber hat mich fühlen lassen, was Gastfreundschaft in der Abtei St. Matthias bedeutet: Anteil nehmen am Leben anderer und diese am eigenen Leben Anteil nehmen lassen. So konnten wir uns den Brüdern öffnen, weil sie zu uns offen waren.

Veröffentlichungen von Michael Holzach

Reportagen

So deutsch wie Wachowiak – In: ›Zeit‹-Magazin, Nr. 13/22. März 1974, Fotos: Timm Rautert

Bewacht, bespitzelt, heimatlos – In: ›Zeit‹-Magazin, Nr. 44/25. Oktober 1974, Fotos: Timm Rautert

Mit elf schon ein Trinker – In: ›Zeit‹-Magazin, Nr. 50/6. Dezember 1974, Fotos: Timm Rautert

Bulle, recht freundlich – In: ›Zeit‹-Magazin, Nr. 8/14. Februar 1975, Fotos: Timm Rautert

Das Geheimnis vom Bremer Dom – In: ›Zeit‹-Magazin, Nr. 14/28. März 1975, Fotos: Ivo v. Renner

Würger zu vermieten: Schutzengel oder Gorilla – In: ›Zeit‹-Magazin, Nr. 21/16. Mai 1975, Fotos: Wilfried Bauer

Was ist am Nilpferd so menschlich? – In: ›Zeit‹-Magazin, Nr. 25/13. Juni 1975, Fotos: Wilfried Bauer

Die letzten Wilden – In: ›Zeit‹-Magazin, Nr. 34/15. August 1975, Fotos: Timm Rautert

»Betteln ist schwerer als arbeiten« – In: ›Zeit‹-Magazin, Nr. 36/29. August 1975, Fotos: Timm Rautert

Da bleibt nur noch der Strick – In: ›Zeit‹-Magazin, Nr. 42/10. Oktober 1975, Fotos: Timm Rautert

Ein Mann zum fürchten – In: ›Zeit‹-Magazin, Nr. 46/7. November 1975, Fotos: Wilfried Bauer

Volksfeind Nebel – In: ›Zeit‹-Magazin, Nr. 49/28. November 1975, Fotos: verschiedene Autoren

Lotto: 20 Millionen warten auf das Wunder – In: ›Zeit‹-Magazin, Nr. 5/23. Januar 1976, Fotos: Timm Rautert

Dieses verdammte Nordseeöl – In: ›Zeit‹-Magazin, Nr. 14/26. März 1976, Fotos: Pete Dine

Ein Dorf in Schlesien: Abdampfen »ins Reich« – In: ›Zeit‹-Magazin, Nr. 16/9. April 1976, Fotos: Timm Rautert

Heimkehr in die Fremde – In: ›Zeit‹-Magazin, Nr. 17/16. April 1976, Fotos: Rudi Meisel

Familie Pietrsyk, die aus Groß-Stani kam – In: ›Zeit‹-Magazin, Nr. 22, 23/28. Mai 1976, Fotos: Wolfgang Kunz

Lebenslänglich – In: ›Zeit‹-Magazin, Nr. 22, 23/28. Mai 1976, Fotos: Wolfgang Kunz

Ahmets Heimkehr – In: ›Zeit‹-Magazin, Nr. 41/1. Oktober 1976, Fotos: Timm Rautert

Großmutter hat jetzt eine Patin – In: ›Zeit‹-Magazin, Nr. 43/15. Oktober 1976, Fotos: Timm Rautert

Die Letzten ihrer Zunft – In: ›Zeit‹-Magazin, Nr. 50/3. Dezember 1976, Fotos: Timm Rautert

»Ausländer? Aber ick bin hier doch jewöhnt« – In: ›Zeit‹-Magazin, Nr. 2/31. Dezember 1976, Fotos: Timm Rautert
Und Anton fliegt im Geiste mit – In: ›Zeit‹-Magazin, Nr. 11/4. März 1977, Fotos: Michael Wolf
Die Höhle – In: ›Zeit‹-Magazin, Nr. 15/1. April 1977, Fotos: verschiedene Autoren
Gute Bürger oder Chaoten – In: ›Zeit‹-Magazin, Nr. 17/15. April 1977, Fotos: F. Taeger
»Gestern wurde ich erschossen« – In: ›Zeit‹-Magazin, Nr. 24/3. Juni 1977, Fotos: Timm Rautert
Ene, mene, muh. Spielen in Deutschland – In: ›Zeit‹-Magazin, Nr. 28/1. Juli 1977, Fotos: Timm Rautert
Camping im Kollektiv – In: ›Zeit‹-Magazin, Nr. 36/26. August 1977, Fotos: Timm Rautert
»Unsere Röhre ist kein Musikdampfer« – In: ›Zeit‹-Magazin, Nr. 47/11. November 1977, Fotos: Pete Dine
Magische Geheimnisse in Händen – In: ›Zeit‹-Magazin, Nr. 52/16. Dezember 1977, Fotos: Timm Rautert
Die Hutterer. »Jedr gibt, wos'r konn, und krigt, wos'r braucht.« – In: Geo, Nr. 8/August 1979, Fotos: Timm Rautert
Klosterleben – In: Merian, Nr. 8/August 1983, Fotos: Timm Rautert

Bücher

Das vergessene Volk. Hamburg 1980
Deutschland umsonst. Hamburg 1982
Ich heiße Feldmann und bin ein Hund. Illustrationen: Freda Heyden. Hamburg 1983

Drängende Fragen unserer Zeit

Horst Afheldt:
Atomkrieg
Das Verhängnis einer Politik mit militärischen Mitteln
dtv 10696

Jean Améry:
Jenseits von Schuld und Sühne
Bewältigungsversuche eines Überwältigten
dtv 10923

Gordon A. Craig/
Alexander L. George:
Zwischen Krieg und Frieden
Konfliktlösung in Geschichte und Gegenwart
dtv 10925

Jürgen Dahl:
Der unbegreifliche Garten und seine Verwüstung
über Ökologie und Über Ökologie hinaus
dtv/Klett-Cotta
11029

Andrea Ernst/
Kurt Langbein/
Hans Weiss:
Gift-Grün
Chemie in der Landwirtschaft und die Folgen
dtv 10914

Heinz Friedrich:
Kulturverfall und Umweltkrise

Plädoyer für eine Denkwende
dtv 1753

Sebastian Haffner:
Im Schatten der Geschichte
Historisch-politische Variationen aus zwanzig Jahren
dtv 10805

Eva Kapfelsberger/
Udo Pollmer:
Iß und stirb
Chemie in unserer Nahrung
dtv 10535

Robert Jungk:
Und Wasser bricht den Stein
Streitbare Beiträge zu drängenden Fragen der Zeit
Hrsg. v. Marianne Oesterreicher-Mollwo
dtv 10888

Mark Mathabane:
Kaffern Boy
Ein Leben in der Apartheid
dtv 10913

Franz Nuscheler:
Nirgendwo zu Hause
Menschen auf der Flucht
dtv 10887

Dorothea Razumovsky/
Elisabeth Wätjen:
Kinder und Gewalt in Südafrika
dtv 10870

Richard von Weizsäcker:
Die deutsche Geschichte geht weiter
dtv 10482

Von Deutschland aus
Reden des Bundespräsidenten
dtv 10639

Zeugen unseres Jahrhunderts

Schalom Ben-Chorin:
Jugend an der Isar
dtv 10937

Yue Daiyun:
Als hundert Blumen blühen sollten
Die Odyssee einer modernen Chinesin vom Langen Marsch bis heute
dtv 11040

Inge Deutschkron:
Ich trug den gelben Stern
dtv 10402

Lotte H. Eisner:
Ich hatte einst ein schönes Vaterland
Memoiren
dtv 10848

Lisa Fittko:
Mein Weg über die Pyrenäen
Erinnerungen 1940/41
dtv 11028

Ingeborg Hecht:
Als unsichtbare Mauern wuchsen
Eine deutsche Familie unter den Nürnberger Rassengesetzen
dtv 10699

George F. Kennan:
Memoiren eines Diplomaten
dtv 10096

Christian Graf von Krockow:
Die Reise nach Pommern
Bericht aus einem verschwiegenen Land
dtv 10885

Hans Graf von Lehndorff:
Menschen, Pferde, weites Land
dtv 10162

Ostpreußisches Tagebuch
Aufzeichnungen eines Arztes aus den Jahren 1945-1947
dtv 2923

Danièle Philippe:
Es begann in der Normandie
Eine französische Kindheit im Zweiten Weltkrieg
dtv 10634

Pu Yi:
Ich war Kaiser von China
Vom Himmelssohn zum Neuen Menschen
dtv 10710

Vilma Sturm:
Barfuß auf Asphalt
Ein unordentlicher Lebenslauf
dtv 10404
dtv großdruck 25005

Marion Yorck von Wartenburg:
Die Stärke der Stille
Erzählung eines Lebens aus dem deutschen Widerstand
dtv 10772

Krystyna Zywulska:
Tanz, Mädchen . . .
Vom Warschauer Getto nach Auschwitz
Ein Überlebensbericht
dtv 10983

Wo Deutschland liegt

Bundesrepublik Deutschland – Deutsche Demokratische Republik

Arnuld Baring:
Im Anfang war
Adenauer
Die Entstehung der
Kanzlerdemokratie
dtv 10097

DDR
Dokumente zur
Geschichte der
Deutschen
Demokratischen
Republik 1945-1985
Herausgegeben von
Hermann Weber
dtv 2953

Ralf Dahrendorf:
Reisen nach innen
und außen
Aspekte der Zeit
dtv 10672

Günther Gaus:
Wo Deutschland liegt
Eine Ortsbestimmung
dtv 10561

Alfred Grosser:
Geschichte Deutsch-
lands seit 1945
dtv 1007

Alfred Grosser:
Das Deutschland im
Westen
Eine Bilanz nach
40 Jahren
dtv 10948

Michael Holzach:
Zeitberichte
Herausgegeben von
Freda Heyden
dtv 11071 (Mai '89)

Christine Lambrecht:
Und dann nach
Thüringen absetzen
Männer in der DDR –
zwölf Protokolle
dtv 11127 (Sept. '89)

Wilfried Loth:
Ost-West-Konflikt
und deutsche Frage
dtv 11074 (Mai '89)

Sieben Fragen an
die Bundesrepublik
Herausgegeben von
Wolfgang Benz
dtv 11114 (Aug. '89)

Hermann Weber:
Geschichte der DDR
dtv 4430

Richard von
Weizsäcker:
Die deutsche
Geschichte geht
weiter
dtv 10482

Von Deutschland aus
Reden des
Bundespräsidenten
dtv 10639